揭秘中国财富

任正非
狭路相逢勇者胜

启 文 编著

山东画报出版社

图书在版编目（CIP）数据

任正非：狭路相逢勇者胜 / 启文编著 . -- 济南：
山东画报出版社，2020.5
（揭秘中国财富）
ISBN 978-7-5474-3513-7

Ⅰ.①任… Ⅱ.①启… Ⅲ.①任正非—生平事迹②通
信企业—企业管理—经验—深圳 Ⅳ.① K825.38
② F632.765.3

中国版本图书馆 CIP 数据核字（2020）第 078984 号

任正非：狭路相逢勇者胜
REN ZHENGFEI: XIALU XIANGFENG YONGZHE SHENG
（揭秘中国财富）
（JIEMI ZHONGGUO CAIFU）
启　文 编著

责任编辑　张雅婷
装帧设计　青蓝工作室

主管单位　山东出版传媒股份有限公司
出版发行　山东画报出版社
　　社　　址　济南市市中区英雄山路 189 号 B 座　邮编 250002
　　电　　话　总编室（0531）82098472
　　　　　　　市场部（0531）82098479　82098476（传真）
　　网　　址　http://www.hbcbs.com.cn
　　电子信箱　hbcb@sdpress.com.cn
印　　刷　北京一鑫印务有限责任公司
规　　格　870 毫米 × 1220 毫米　1/32
　　　　　　　6 印张　152 千字
版　　次　2020 年 5 月第 1 版
印　　次　2020 年 5 月第 1 次印刷
书　　号　ISBN 978-7-5474-3513-7
定　　价　178.80 元（全 6 册）

前　言

　　任正非创造了华为，并且创造了中国企业史上的一大奇迹，他被誉为这个时代的英雄、了不起的民营企业家，《中国企业家》杂志更是授予他"终身成就奖"。然而，不仅仅是中国的企业家将其视为泰斗，国际上的诸多经济学家也对其敬重有加。《福布斯》将他评为"最受国际尊重的中国企业家"，英国《经济学人》杂志认为他创办的企业是"外国跨国公司的灾难"，美国《时代》周刊评价他具有"惊人的企业家才能"……一连串的光环下，任正非似乎被赋予了传奇的色彩。然而，这位英雄自己却不这么看。

　　任正非将华为的成功归结于"艰苦奋斗"。这种奋斗从1987年创业之初一直持续到今天都不曾改变。27年的坚持看上去有些偏执，但正是这股偏执劲儿让华为从不计其数的民营企业中脱颖而出，成了一方霸主。对此，任正非本人也毫不避讳地坦言道："唯有偏执才能成功"。

　　成立华为的那一年，任正非43岁，而创立华为的背景因素，完全是迫于生计。1983年，任正非从部队复员转业之后，在深圳南海石油后勤服务基地工作，然而整个工作的过程并不顺利，以至于让任正非在1987年的时候放手一搏，成立了华为。一直以来，人们都习惯性地认为，创业是年轻人的事情，到了三四十岁，人就应该趋于平稳，不惑之年成为了顾家守家的代名词，心有余而力不足成了搪塞自己的最好借口。事实上，人们从来不缺想法，缺的是务实的行动。缺少了行动，壮志未酬的志士也就只能感慨"英雄迟暮"了。

迟到的出发也让任正非有了更多的优势，思想的成熟让华为在发展的过程中赢得了更多的保障。"惶者才能生存"的思想在华为根深蒂固，正是因为有了这种发展中的危机意识，才能让华为有更多的机会来思考"如何活下去，寻找我们活下去的理由和活下去的价值"这一类的问题。华为并非没有遭遇过困境的考验，但每当华为步入一个迷茫的发展阶段时，任正非总能在关键时刻站出来，对华为做出正确的指导，使华为一次次安然地渡过难关。狭路相逢勇者胜，烧不死的鸟就是凤凰。任正非并非天生就是卓越的企业家和领导者，他也是经过了披荆斩棘、披星戴月的奋斗，历尽艰难困苦，才成就辉煌。诸如奋斗、务实等再朴实不过的发展管理理念，看似平淡无奇，却在持之以恒的坚持下焕发出了神奇的色彩。

关于任正非为什么能够成功的探讨一直没有中断过。本书主要对任正非的经典讲话进行深入剖析，对核心精神进行总结归纳，从奋斗精神、企业文化、团结协作、主动学习等方面剖析任正非对华为的管理方案，为创业途中感到迷惘、工作途中感到困惑的年轻人提供了一套可以借鉴的工作思路，让平时的奋斗不再成为一个空泛的概念。

目　录

第一章
奋斗的灵魂：
华为凭什么超过了爱立信

华为没有绝招，任正非没有绝招，有的只是多年铸就的奋斗之魂。

死磕：华为的灵魂就是艰苦奋斗

艰苦奋斗是华为文化的魂，是华为文化的主旋律，我们任何时候都不能因为外界的误解或质疑动摇我们的奋斗文化；我们任何时候都不能因为华为的发展壮大而丢掉了我们的根本——艰苦奋斗。

在电子信息产业，要么领先，要么就灭亡，没有第三条路可走。华为由于热爱走上了这条路。当我们走上这条路，没有退路时，我们付出了高昂的代价，我们的高层领导为此牺牲了健康，后来的人也仍不断在消磨自己的生命，目的是为了达到业界最佳。沙特阿拉伯商务大臣来参观时，发现我们办公室柜子上都是床垫，然后把他的所有随员都带进去听我们解释这床垫是干什么用的，他认为一个国家要富裕起来就要有奋斗精神。奋斗需一代一代坚持不懈。我们要强调员工的敬业精神，选拔和培养全心全意高度投入工作的员工，实行正向激励推动。基于公司处于的不利因素，激发员工拼命努力的热情。知识、管理、奋斗精神是华为创造财富的重要资源。我们在评价干部时，常常用的一句话就是：此人肯投入，工作卖力，有培养前途。只有全心全意投入工作的员工，才能成为优良的干部。我们常常把这些人放到最艰苦的地方、最困难的地方，甚至对公司最不利的地方，让他们快快成熟起来。

美国由于私人风险投资基金的推动，使得一批一批的志士如痴如狂地去追求成功。那种奋斗不止的精神，并非我们共产党人才有。先不说我们是为了社会的公平，他们是追求个人利益。从纯奋斗精神来讲，美国也有焦裕禄、孔繁森。多年来我接触相当多的美国科技人员，由于一种机制的推动，非常多的人都十分敬业，苦苦地追求着成功，这是一种普遍的现象，而非个例。比尔·盖茨当初没有电视机，而是由他父亲帮他看新闻而后告诉他。有些人不理解，因此也不会理解中国的许多科技工作者在那么低的收入中的忘我奋斗与牺牲精神，理解不了"两弹一星"是怎么研制出来的，理解不了袁隆平为什么还那么"农民"。大庆铁人王启明不就是这么一个苦苦探索二三十年，研究分层注水、压裂，使大庆稳产高产成为世界奇迹的吗？

拼命奋斗是美国科技界普遍的现象，特别是成功者与高层管理者。当今的科技进步是由数百万奋斗者推动的技术进步、管理进步以及服务网络的优良服务而取得的。

如果以狭隘的金钱观来认识资本主义世界的一些奋斗者，就理解不了比尔·盖茨为什么每天还工作十四五个小时，不间歇地努力。不带有成见地去认识竞争对手，认真向他们学习好的东西，才有希望追赶上他们。华为在 IT 泡沫破灭后侥幸活下来，其实是因为当时的落后救了华为，落后让我们没能力盲目地追赶技术驱动的潮流。而现在西方公司已经调整过来，不再盲目地追求技术创新，而是转变为基于客户需求导向的创新，我们再落后就将死无葬身之地。信息产业正逐步转变为低毛利率、规模化的传统产业。电信设备厂商已进行和将进行的兼并、整合，正是为了应对这种挑战。华为相对还很弱小，面临更艰难的困境。要生存和发展，没有灵丹妙药，只能用在别人看来很"傻"的办法，就是艰苦奋斗。

——摘自《华为的红旗到底能打多久》

延伸阅读

每个企业都有企业文化，小胜在智，大胜在德。华为成立之初，员工只有几十人，资金短缺，为了节省成本，员工们工作、生活都在一层楼上，由于交货期紧张，很多人几个月不下楼，很多同事在那里工作几个月了，对周围的交通、环境还没有什么概念。在创业初期，华为人没有更多资源可以利用，唯有通过艰苦奋斗来改变现状，弥补资源的不足，从而渡过了一个又一个难关，取得了一个又一个成功。在资金异常匮乏的情况下，华为投入全部资金研制成功了具有自主知识产权的程控交换机，一举奠定了其在国内市场的地位。创业初期，华为人为了筹集更多的发展资金，拿的工资都不高，他们还经常加班，但公司很少发加班费。很多华为高层，一直到1999年还都居住在深圳郊区的农民房内。为了理想，他们对此无怨无悔。在这种拼搏精神的带动下，华为取得了高速发展，年销售额增长幅度超过100%。1996年，华为产值达25亿元；1997年，华为产值达50亿～60亿元，员工则达到了3100人，其中40%从事开发与研究，35%从事市场销售和技术支持，12%从事行政管理，13%左右的人员从事生产制造；1999年华为公司发展到5000多人。

上述话就是任正非在这个背景下说的。任正非反复强调，相比国外的大公司，华为还显得很年轻，还有很长的路要走，所以他时刻向员工强调，艰苦奋斗的作风一定要保持下去，这是华为能够发展、成功的关键。

能量辐射

在创业之初，当华为自主研发的设备刚出来，华为的创业元老们很兴奋，又很犯愁，因为业界知道华为的人很少，了解华为的人更少。当时有一个情形，一直深深地印在老华为人的脑海中，经久不退：在北京寒冬的夜晚，华为的销售人员等候了8个小时，终于等到了客户，但仅仅说了半句话"我是华为的……"，就眼睁睁地看着客户被某个著名公司接走了。望着客户远去的背影，老华为人只能在深夜的寒风中默默地体会着屡试屡败的沮丧和屡败屡战的苦涩。是啊，怎么能怪客户呢？华为本来就没有几个人知晓啊。

　　然而如今，当华为通过艰苦奋斗，获得了很大的成就之后，华为人有一种从未有过的幸福和神圣的责任感。任正非表示："我们的劳动不仅改变了人们的生活，增进了人们的沟通，而且也一天一天地充实着我们自己，丰富着我们家人的生活，也在一年一年地改变我们自己的生活。我们在分享劳动果实的同时，又增加了对未来的憧憬，这些在慢慢地加深着我们对劳动本身的体悟和认识。热爱劳动不仅仅是一种美德，劳动中的人也是美的，在劳动中能品尝到一种愉悦甚至幸福。当看着我们贫瘠的土地变成了绿洲，当看着事先连想都不会想到的、代表着现代文明的成果在我们勤劳的双手中不断地创造出来时，这种心情是无论用什么语言都难以表达的，真可谓天道酬勤，一分耕耘，一分收获。"

　　当今社会很多创业者都有着比任正非当初强很多的创业条件，但不能因此就丧失了艰苦奋斗的精神。艰苦奋斗对于一个企业的成长来说并非只是短期效益，更关系到企业长远文化的建设，关系着企业能否在浪潮中坚挺地走下去。因此打造艰苦奋斗的精神，是创业者要着重坚持的工作之一。

艰难创业：华为的艰苦你无法体会

　　多年来的含辛茹苦，只有我们自己与亲人才真正知道。一声"辛苦了"，会使人泪如雨下，只有华为人才真正地理解它的内涵。活下来是多么的不容易，我们对著名跨国公司的能量与水平还没有真正地认识。现在国家还有海关保护，一旦实现贸易自由化、投资自由化，中国还会剩下几个产业？为了能生存下来，我们的研究与试验人员没日没夜地拼命干，拼命地追赶世界潮流，我们有名的"垫子文化"将万古流芳。我们的生产队伍，努力进行国际接轨，不惜调换一些功臣，也决不迟疑地坚持进步；机关服务队伍，一听枪声，一见火光，就全力以赴支援前方，并不需要长官指令。为了点滴的进步，大家熬干了心血，为了积累一点生产的流动资金，至今绝大部分的员工还住在农民房里，我们许多博士、硕士，甚至公司的高层领导还居无定所。一切是为了活下去，一切是为了国家与民族的振兴。世界留给我们的财富就是努力，不努力将一无所有。

　　华为经历了8年奋斗形成和日渐完善的企业文化，

认真研究了中国企业的优势与劣势，实事求是地拟出了实现管理的大纲，使群体奋斗在华为成为坚实的基础和不可逆转的趋势。在这样的文化土壤上，才有可能长成茂实的庄稼，它孕育着无数的英雄，百万雄师过大江，是一代中国青年的写照。

中国长期受中庸之道的影响，虽然在寻求稳定上有很大的贡献，但也压制了许多英雄人物的成长，使他们的个性不能充分地发挥，无法实现对社会的牵引和贡献，或者没有共性的个性对社会形成破坏。因此，发展中的中国特别需要英雄群体来推动火车头的前进，这种渴求为每个人的成长提供了机会。华为将自己的目标选定向世界一流公司靠拢，而现在差距又这么大，更迫切地需要英雄，需要那种群体奋斗的英雄，那种勇于献身、无私无畏的英雄。所有有志的热血儿女都应为中华的振兴而奋不顾身。献出你的青春，献出你的热血，拥抱你的事业，享受奋斗的人生。

——摘自《在公司研究试验系统先进事迹汇报大会上的讲话》

延伸阅读

从当初籍籍无名的深圳企业，到成为全球前五大通信设备商，华为用了20年的时间。而其中，华为的国际化之路走了近15年。可以说，华为的国际化伴随着汗水、泪水、艰辛、坎坷与牺牲。华为内部著名文件《天道酬勤》中说，很多人感到不解：
"华为为什么能活到今天，华为为什么能活下去？"答案是，华
为相对还很弱小，面临更艰难的困境，要生存和发展，没有灵丹
妙药，只能用别人看来很"傻"的办法，就是艰苦奋斗。华为不
战则亡，没有退路，只有奋斗才能改变自己的命运。

　　面对部分公众对于华为"垫子文化"等精神的质疑，任正非
的这次讲话可谓给出了一个有力的回击。任正非在不断强调自身
的弱小与同顶级企业的差距的同时，再次重申华为企业文化的原
点"不奋斗，华为就没有出路"，并在内部员工层面实现了高度
统一的认识。随着这次讲话流传开来，华为对"艰苦奋斗"精神
的坚持很快赢得了社会公众的支持，而原先的指责之声也日渐沉
寂了下去。

　　在改革开放的大潮中成立的华为，成长速度非常快。华为以
大市场、大科研、大系统、大结构为目标，建立了一个运作良好
的组织体系和服务网络。1995 年时，华为有 1750 名员工，其中
1400 多人受过本科以上教育，有 800 多名博士、硕士。在公司全
体人员中，研究开发人员占 40%，市场营销人员占 35%，生产
人员占 13%，管理人员占 12%，这是一个良好的倒三角形组织
结构。按照计划，1996 年的华为已发展到 2500 ~ 2600 人。华为
已经形成了覆盖全中国的营销网络及延伸到美国等地区的采购网
络。同时，在市场销售的激烈竞争中，一批久经考验、高素质、
高水平的企业管理队伍也被逐步磨砺出来了。

能量辐射

马云，阿里巴巴创始人，被称为"创业教父"。曾经的创业艰辛、今日的荣耀辉煌，使得这位卓越的企业家身上萦绕着散发不完的光环。阿里巴巴无疑是中国互联网史上的一次奇迹，这次奇迹是由马云和他的团队创造的。

阿里巴巴创业开始，钱也不多，50万，是18个人东拼西凑凑起来的。50万，是他们全部的家底。然而，就是这50万，马云却喊出了这样的宣言："我们要建成世界上最大的电子商务公司，要进入全球网站排名前十位！"

1999年，中国的互联网已经进入了白热化状态，国外风险投资商疯狂给中国网络公司投钱，网络公司也疯狂地烧钱。50万，只不过是像新浪、搜狐、网易这样大型的门户网站一笔小小的广告费而已。阿里巴巴创业开始相当艰难，每个人工资只有500元，公司的开支一分钱恨不得掰成两半来用。外出办事，发扬"出门基本靠走"的精神，很少打车。据说有一次，大伙出去买东西，东西很多，实在没办法了，只好打车。大家在马路上向的士招手，来了一辆桑塔纳，他们就摆手不坐，一直等到来了一辆夏利，他们才坐上去，因为夏利每公里的费用比桑塔纳便宜2元钱。

阿里巴巴曾经因为资金的问题，几乎到了维持不下去的地步。

8年过去了，2007年11月6日，阿里巴巴在香港联交所上市，市值200亿美金，成为中国市值最大的互联网公司。马云和他的创业团队由此缔造了中国互联网史上最大的奇迹。

这是一个企业家辈出的时代，老一代企业家柳传志、张瑞敏、任正非，中年一代企业家马云、俞敏洪、陈天桥，年青一代李想、茅侃侃、戴志康，等等。老中青三代企业家的创业故事影响了中国，他们的成功故事给无数创业者指引与激励。

更为难得的是，我们处在一个创业的美好时代，全民创业的时代已悄然而至。从市场层面来看，互联网缩小了人与人之间的距离，地球村的市场到来，创业的机遇云集；从政策层面来看，各级政府提出了全民创业的口号。但即使有这样多的有利条件，我们在创业之前仍然需要谨慎思考、严谨行事，仍然需要继承并发扬艰苦奋斗的精神，不将创业当儿戏，不浮躁、不轻易放弃。

那么，个人创业应当注意哪些问题？

首先，个人创业要选准行业。选准行业，看上去很简单，三百六十行，行行出状元，干哪一行都能出成绩、出效果。事实上，在个人创业阶段，选准行业对个人发展有很大的影响。任何一个行业都不是独立存在的，相互衍生的项目很多，这就是我们常说的产业链。那么，我们应该选择什么样的行业进行经营才能快速致富呢？选择适合群体广泛，竞争不太激烈，做生意人之生意是最理想的。尽管生意人在做生意的过程中和你讨价还价，但如果适合群体广泛，其利润也能积少成多，完全可以满足财富积累之效果。

其次，个人创业要选准地方。做金融肯定要去上海、深圳和北京。寻找国内金融行业集中的城市，上海和深圳是上市公司挂牌集中的地方，是投资商必选的风水宝地。做生意人之生意，只要有生意人的地方就有你的生意。一级市场也好，二、三级市场也罢，都有你发展的空间。如果选择三级市场作为起点，则可以回避大城市经营运作的费用较大的风险，回避因业务拓展和经营管理不善早早夭折的风险。在三级市场拓展除了上述优势以外，还可以利用当地资源灵活经营运作模式，利用政府对三级市场的政策支持，利用个人在大城市经营管理的经验和优势。

再次，个人创业要选择合适的帮手和合作伙伴。孟母择友三迁的故事大家都很清楚，选择好的合作伙伴，无疑是事业成功的有力保证。综合素质良好、社会经验丰富、社会资源广泛都是应当考察的基础。

当创业遇上现实，任何激情都应该回归理性。创业者除了有坚韧不拔的精神和意志外，更应该掌握创业的知识，借鉴成功者的经验，这样可以科学创业、高效创业。

今天的华为是用"垫子"垫出来的

　　无数硅谷人与时间赛跑，度过了许多不眠之夜，成就了硅谷的繁荣，也引领了整个电子产业的发展。华为也是无数的优秀儿女贡献了青春和热血，才奠定了今天的基础。创业初期，我们的研发部从五六个开发人员开始，在没有资源、没有条件的情况下，秉承20世纪60年代"两弹一星"艰苦奋斗的精神，以忘我工作、拼搏奉献的老一辈科技工作者为榜样，以勤补拙，刻苦攻关，夜以继日地钻研技术方案，开发、验证、测试产品设备……没有假日和周末，也没有白天和夜晚，累了就在垫子上睡一觉，醒来接着干，这就是华为"垫子文化"的起源。虽然今天垫子已只是用来午休，但创业初期形成的"垫子文化"记载的老一代华为人的奋斗和拼搏，是需要我们传承的宝贵的精神财富。

　　用服中心的员工们，用青春和心血铺就了华为成功的道路。不管冰天雪地、赤日炎炎，他们在白山黑水、在崇山峻岭中，没有日夜的概念，终年奔波在维修、装机的路上，用户的需要就是命令。严冬由于雪堵住了道路，一天 7 ~ 8 小时坐在零下 20 多度的车上；炎夏挤在蒸笼般的超载的长途车中。大年三十爬上高高的铁塔，为了维修在研究、生产中一点点小小的疏忽造成的问题；当我们坐在温暖的办公室内，他们却因为赶不上车，在车站外面等候；当我们一遍一遍受到培训，增加晋升机会，他们却因公司发展太快，服务工作跟不上，一直待在远离公司的地方，一待就是两年，没有回来一次；当我们与家人团聚，他们却在远离公司的地方，坚守岗位。不站好这班岗，哪有市场。当他们不断地守着我们早期有故障的产品，不敢停歇一会儿，以确保公司信用时，他们在新技术方面没有跟上公司的发展；当他们打电话向公司求援时，却受到"明白人"的斥责，说他们水平不高。我们这个时代最崇高的是责任心，最可贵的是蜡烛精神，他们照亮了公司却消耗了自己。多么伟大的人格，多么高尚的情操，当我们取得辉煌时，他们仍然像萤火虫一样默默地发光。

不要把学习英雄停留在口头上，要真正用心去学习。用服中心员工向我们展示的就是最具代表性的华为精神，只有它才会生生不息，把我们带向繁荣。

不要说我们一无所有，我们有几千名可爱的员工，用文化连接起来的血肉之情，它的源泉是无穷的。我们今天是利益共同体，明天是命运共同体，当我们形成内耗小、活力大的群体的时候，当我们跨过这个世纪形成团结如一人的数万人的群体的时候，我们抗击风雨的能

力就增强了，可以到国际市场的大风暴中去搏击。我们
是不会消亡的，因为我们拥有我们自己可以不断自我优
化的文化。

　　——摘自《在春节慰问团及用服中心工作汇报会上
的讲话》

延伸阅读

　　华为于1991年9月租下了当时深圳宝安县蚝业村工业大厦
三楼，50多名华为人开始了充满艰辛的创业之路。一层楼分隔为
单板、电源、总测、准备四个工段，库房、厨房也设在同一层
楼。十几张床挨着墙边一溜排开，床不够，就用泡沫板上加床垫
代替。在工段上班，包括开发人员，累了就趴在桌上，或在地上
找张泡沫板、纸板，席地而卧，睡一下，醒来接着干，包括公司
领导来也是这样。整层楼没有空调，只有吊扇，在高温下作业，
经常是汗流浃背。每天加班到很晚，熄灯就睡。四周老化测试的
机架，设备上一闪一闪的信号灯，高频电流的振荡声，伴随着枕
戈待旦的华为人进入梦乡。

　　有时睡到半夜，突然来车到货，不论是很重的蓄电池，还是
机柜，都立即起来，卸完再睡。大多数人以此为家，领料、焊
接、组装、调试、质检、包装、吃饭、上厕所、睡觉都在这一层
楼上。除了到外协厂及公司总部外，不少人一连几天都没下过
楼，有时候连外面天晴天阴、有没有下雨都不知道。

　　没有包装工段，也没有搬运及包装临时工，设备测好后，临

时叫上在场的几个人，不分工人、工段长还是经理，也不分大专、本科还是硕士、博士，大家一起包纸箱，装入木箱再钉上边角铁，然后四五个人一起抬起机柜箱，装车发货。当时华为的员工都开玩笑自称为"乡民"，经理就叫"乡长"。市场部招的新员工，一般都要先到总测工段实习，即先当"乡民"，经过培训后，才派出去。美国有著名的"西点军校"，华为人则自豪地称这是进华为的"西乡军校"。

能量辐射

河南省冬夏枣茶总公司就是由无数创业者铸就而成的，他们有着并肩奋战的精神。总公司的前身是内黄县酿酒总厂，1990 年，由于经营不善等原因，酒厂一直处于半停产状态。困境中，王富安临危受命，成为这个半死不活的企业的当家人。走马上任后，王富安感觉肩头重担在压，丝毫不敢松懈，为了尽早将酒厂扭亏为盈，他带领整个领导班子日夜奋战在生产第一线，从没有领过加班费和补助。这种以身作则、任劳任怨的奉献精神为全厂职工做出了很好的表率，以至于在企业中形成了一种良好的风气：职工们通过开展形式多样的劳动竞赛练就了一手过硬的技术；出差在外的购销人员为了节省资金，在最简陋的旅馆中构思着最宏大的销售计划……就这样，在全厂职工的共同努力下，工厂当年便扭亏为盈，成为年产 1.8 万吨的中国最大的枣肉饮料生产厂家。它的成功，饱含着以王富安为首的新一代领导班子艰苦奋斗、牺牲小家顾大家的崇高精神。

事实上，当我们翻开中国企业家创业史这浸透着汗水与心血的篇章时，我们就会发现，当今叱咤风云的巨头企业，几乎没有哪一个不是经历了血雨腥风的考验和艰苦卓绝的奋斗才崛起的。当年，联想集团的创始人柳传志为了发展壮大联想，睡车棚、倒彩电、顶风雪、冒严寒，用一腔不灭的激情和伟大的自我牺牲精神铸就了联想成功的丰碑；巨人集团的创始人史玉柱为了研制M-6401汉卡，艰苦钻研150天，凭借着20箱方便面昏天黑地地工作，终于将第二代汉卡研制成功……

由此我们可以看出，在企业的发展过程中，奉献精神是必不可少的，它可以发挥巨大作用让企业转危为安。现在国内诸多著名企业都在推进企业文化建设，积极倡导包括奉献精神在内的企业精神，其结果是大大提高了企业凝聚力和核心竞争力。

强者生存：深淘滩，低作堰

　　"深淘滩，低作堰"是李冰父子两千多年前留给我们的深刻管理理念。同时代的巴比伦空中花园、罗马水渠和澡堂，已荡然无存，而都江堰仍然在灌溉造福成都平原。

　　为什么？

　　李冰留下"深淘滩，低作堰"的治堰准则，是都江堰长盛不衰的主要"诀窍"。其中蕴涵的智慧和道理，远远超出了治水本身。

　　华为公司若想长存，就要学习这些准则。

　　深淘滩，就是不断地挖掘内部潜力，降低运作成本，为客户提供更有价值的服务。客户绝不肯为你的光鲜以及高额的福利多付出一分钱。我们的任何渴望，除了用努力工作获得外，别指望天上掉馅饼。公司短期的不理智的福利政策，就是饮鸩止渴。

　　低作堰，就是节制自己的贪欲，自己留存的利润低一些，多一些让利给客户，以及善待上游供应商。将来的竞争就是一条产业链与一条产业链的竞争，从上游到

下游的产业链的整体强健，就是华为生存之本。物竞天
择，适者生存。

——摘自《华为的冬天》

延伸阅读

面对金融危机带来的前所未有的压力，任正非在 2009 年初
华为公司的一次内部讲话中，提出了一个很有意思的新理念，叫
作"深淘滩，低作堰"。深淘滩就是多挖掘一些内部潜力，确保
增强核心竞争力的投入，确保对未来的投入，即使在金融危机时
期也不动摇；低作堰就是不要因短期目标而牺牲长期目标，多一
些输出，多为客户创造长期价值。"深淘滩，低作堰"是对华为
商业模式的一种概括。高科技企业"高投入，高回报"传统商业
模式，早已深入人心。当科技企业持续在研发上"高投入"，形
成了一定形式的成本优势，企业无不正大光明地把"高回报"装
入袋中。有些巨无霸一旦形成垄断，还千方百计地制造壁垒，压
制创新技术的应用。任正非不认同这样的哲学。在中国电信
CDMA 网络工程招标中，朗讯、阿尔卡特、北电等巨头纷纷投出
了 70 亿~140 亿元的标，而华为却只报了不到 7 亿元的超低价。
一时间华为"裸奔""不正当竞争"等评论铺天盖地，而任正非
则很淡然。他认为这既是华为成本优势地头力的集中体现，又是
华为一贯经营战略的具体体现。华为历来秉持的是"低作堰"，
与运营商形成共生的关系，用低价减轻运营商的成本压力，让利
给运营商，赢得其长期信任与合作，最终定能取得合理回报。

"深淘滩，低作堰"也是对华为内部运营模式的一种概括。从一线摸爬滚打出来的任正非，最重视一线的"深淘滩"。当公司一个个业务现场，都具备了很强的突破能力，都能做到精进、极致时，公司的竞争力就会特别强大。而要形成这样的局面，最为重要的是让所有层级的高管，都戒掉颐指气使的工作方式，真正成为一线的服务生或仆人，这样才会形成上下合一的氛围。任正非作为创始人，从来不缺乏贴近一线的激情和对一线的敬重。他习惯于把意识化为具体行动，不断缩小自己的持股比例，扩大华为股东群体，不断把公司利润转移为员工的福利，以至于华为的高工资成为中国企业界的一道独特风景。

"深淘滩，低作堰"还是对华为学习型组织的一种概括。任正非是一个学习能力很强的人，能够随时清空那些既定的经验和做法。任正非清醒地认识到，现在到了一个要否定以前助推华为成功的经验、做法、体制、流程等既定东西的转折点。华为只有"低作堰"，才能不断排除公司沉积下的淤泥，才能让华为保持活力，才能把公司外部新的东西不断引进来。有了这样的氛围，才能使华为上下坚定不移地"深淘滩"。他呼唤地头力，呼唤一线追求极致的创造，就是这种不断精进精神的体现。

能量辐射

任正非其实是在反思华为过去与合作伙伴之间的竞争关系，希望将以前的恶性竞争转变为良性竞争，要打造价值链的优势，降低成本。华为走到今天，利润率越来越低，如果利润还靠过去那种不惜成本、不计代价的方式运作，肯定面临利润率下降的风险。他发表这个讲话，就是想在企业内部的效率上进一步挖潜，提高利润率。

资源整合的目的是为了通过组织制度安排和管理运作协调等来增强企业的竞争优势，实现企业资源的最大化利用，从而提高客户服务水平，企业获得盈利。深入挖掘企业的利润率，不断进行资源整合是一条重要的途径。企业资源整合一般体现在以下五个方面：

1. 优化企业内部产业价值链

企业为了提高整个产业链的运作效率，也为了用较低的成本快速占有市场，同时满足客户日益个性化的需求，需要不断优化内部产业价值链，将关注点集中在产业链的一个或几个环节，还以多种方式加强与产业链中其他环节的专业性企业进行高度协同和紧密合作，从而获得专业化优势和核心竞争力，击败原有占绝对优势的寡头企业。

2. 深化产业价值链上下游的协同关系

企业通过合作、投资、协同等战略手段，在开发、生产和营销等环节与产业价值链上下游企业进行密切协作，加强与这些企业的合作关系，使企业自身的产品和服务进一步融入客户企业的价值链运行中，从而提高企业的运作效率，进而帮助其增加产品的有效差异性，提高产业链的整体竞争能力、整体化优势，快速占领市场。如洛克菲勒从石油产业的下游向上游拓展产业链，实现资源的最大化利用。

3. 把握产业价值链的关键环节

初创企业在发展过程中，必须明确自己的核心竞争力，紧紧抓住和发展产业价值链的高利润区，并将企业资源集中于此环节，构建集中的竞争优势，借助关键环节的竞争优势，获得对其他环节协同的主动性和资源整合的杠杆效益，使企业成为产业链的主导。如西洋集团，就是通过控制整个产业链的所有关键环节，挖掘每个环节利润，并将其做到各自环节的专业化最强，给竞争对手设置了难以跨越的进入壁垒，同时也将整个终端产品的成本降到最低点，从而形成压倒性的竞争优势，演绎了一条产业链循环盈利模式的成功之路。

4. 强化产业价值链的薄弱环节

管理学中有个木桶原理：一个木桶由许多块木板组成，如果组成木桶的这些木板长短不一，那么这个木桶的最大容量不是取决于最长的木板，而是取决于最短的那块板。因此，企业在关注核心领域的同时，也要强化产业价值链中的薄弱环节。

企业可通过建立战略合作伙伴关系或者由产业链主导环节的领袖企业对产业链进行系统整合等方式，主动帮助和改善制约自身价值链效率的上下游企业的运作效率，实现整个产业链的运作效率的提高，使公司的竞争优势建立在产业链整体效能释放的基础上，并同时获得相对于其他链条上的竞争对手的优势。如青岛啤酒对全国 48 家低效益啤酒厂的收购整合、蒙牛对上游奶站的收购等，都属于强化产业价值链薄弱环节的范畴。

5. 构建管理型产业价值链

企业在资源整合的时候，为了使自己始终保持竞争优势，不能仅仅满足于已取得的行业内的竞争优势和领先地位，还需要通过对以上几种产业链竞争模式的动态运用，去应对整个产业价值链上价值重心的不断转移和变化。同时还要主动承担起管理整个产业链的责任，密切关注所在行业的发展和演进，这样才能使产业链结构合理、协同效率高，引领整个行业应对其他相关行业的竞争冲击或发展要求，以保持整个行业的竞争力，谋求产业链的利益最大化。

思想也要艰苦奋斗

在战争硝烟还未散去，在我们的干部还在崇尚领兵作战的今天，我们就开始进行干部的正规化训练，是十分艰难的转移，但不这样抓管理建设，我们就会贻误将来出现的大好时机。我们要寻找一批真正认识管理的内涵和永恒的管理主题的志士仁人。早一些学管理，早一些主动。

我们会不断地改善物质条件，但是艰苦奋斗的工作作风不可忘记，忘记过去就意味着背叛。我们永远强调在思想上艰苦奋斗。思想上艰苦奋斗与身体上艰苦奋斗的不同点在于：思想上艰苦奋斗是勤于动脑，身体上艰苦奋斗只是手脚勤快。我们要提拔重用那些认同我们的价值观，又能产生效益的干部；我们要劝退那些不认同我们的价值观，又不能创造效益的人，除非他们迅速转变。我们坚定不移地反对富裕起来以后的道德滑坡、庸俗的贪婪与腐败，不管他职务高低。我们要重塑新时代的民族精神，为伟大祖国的振兴而贡献青春与年华。

我们公司在市场上还面临着巨大的艰难，在低端产品上我们与外国公司还有品牌效应的差距，在高端产品上我们还有技术差距。由于历史的原因，我们在市场上还处在低层次网上，在外国公司已全覆盖的网中，争夺一个一个的小点。今年仍然是一个十分艰难困苦的年月，我们还得奋力去拼搏；还期待更多的英雄投入火热的市场生活中去；还要在新的起点，从零起步，努力去学习，勇敢地挑战明天；不断提高个人素养、改进管理、增加效益，为公司的大发展铺平道路。历史给了你们使命，不能躺到功劳簿上，而要不断革命。新老干部要团结合作，只有携手共进，才能优势互补。英雄是一种集体行为，是一种集体精神，要人人争做英雄。

——摘自《在来自市场前线汇报会上的讲话》

延伸阅读

1995 年，华为自主研制的 C&C08 数字程控交换机在经过两年的研发、实验和市场推广之后，终于在中国市场上取得了规模商用。华为的 08 机与巨龙的 04 机一起，成为中国广大农村通信市场的主流设备。华为人为此欢欣鼓舞，对公司的发展前景满怀信心，而任正非则清醒地意识到：由于全世界厂家都寄希望于中国这块当前世界最大、发展最快的市场而拼死争夺，造成了中、外产品撞车，市场严重过剩的情况，形成了巨大危机。大家拼命削价，投入恶性竞争，由于外国厂家有着巨大的经济实力，已占领了大部分中国市场，如果中国厂家仍然维持现在的分散经营，将会困难重重。

1996年，华为全年完成销售额26亿元，经过8年奋战，华为正式进入企业的顺利发展阶段。而此时，任正非却尖锐地提出，面对成功，华为人必须要有一种清醒的认识，否则成功带来的将不是企业的繁荣，而是令人措手不及的危机。

近年来，在物质条件比较丰富以后，一些人的道德观开始滑坡，任正非希望华为人能够抵御住各种诱惑，保持良好的道德品格和高尚情操。

任正非反复强调，华为的成功是一代又一代的华为人通过艰苦奋斗换来的，很多人为此牺牲了休息，牺牲了亲情，甚至牺牲了健康。就是因为成功是来之不易的，所以任正非反复强调华为人要发扬艰苦奋斗的精神，反对任何腐化堕落的行为，甚至不允许开展会消磨意志的不健康的娱乐活动。

能量辐射

艰苦奋斗才能活下去，对于企业和员工来说都是如此。然而坚持和弘扬艰苦奋斗必须正确理解艰苦奋斗的内涵。长期以来不少人对艰苦奋斗存在一些误解，一提到艰苦奋斗，就与吃野菜、穿草鞋、睡草铺等苦行僧式的生活方式联系起来，甚至等同起来。这种对艰苦奋斗的肤浅而片面的理解和认识使不少人错误地认为，当前生活富裕了，创业时也就没有必要再提倡艰苦奋斗了。

从工作角度讲，艰苦奋斗是一种不畏艰苦、脚踏实地、奋发向上、锐意进取、开拓创新、与时俱进、勇于拼搏的工作作风，这是中华民族的优良传统。从思想角度讲，艰苦奋斗是一种生活态度和思想境界，是一种反对奢华浪费，追求顺应自然、崇尚俭朴、与大自然和谐共处的生活理念。从意识角度讲，艰苦奋斗是一种居安思危的忧患意识，一种精神，一种价值观，它与拜金主义、享乐主义是对立的。

虽然艰苦奋斗在不同时代有不同的表现形式，但艰苦奋斗的内容和本质不会改变。就像提倡学雷锋一样，不是专指学雷锋同志生前所做的哪一件或几件好事，而是要学习雷锋同志那种团结友善、乐于助人、甘于奉献的精神。

生产的目的是为了消费，追求良好舒适的物质精神生活是人类的天性或本能，没有必要去限制和扼杀，依照现在的社会条件，"艰苦奋斗"这一词很难再是曾经的"艰苦奋斗"了，但当今社会的年轻人，更需要通过这种精神来磨炼自己的意志。

也许我们这个时代的年轻人创业已经不需要像老一辈创业者一样睡草垫、肩挑手扛，但创业不可避免地会遇到各种挫折和苦难，这时，艰苦奋斗的精神就是支撑我们走下去的关键。

第二章
大象无形：唯有文化生生不息

核心竞争力对一个企业来说应该是多方面的，对华为来说，虽然技术是核心，市场是生命线，但企业文化却是保障企业发展的前提条件。

唯有文化生生不息

　　一切工业产品都是人类智慧创造的。华为没有可以依存的自然资源，唯有在人的头脑中挖掘出大油田、大森林、大煤矿……精神是可以转化为物质的，物质文明有利于巩固精神文明，我们坚持以精神文明促进物质文明的方针。

　　这一点是我在阿联酋考察时所得。阿联酋作为一个沙漠里的小国，他们和以色列一样非常伟大，他们把石油所得的资金转化为一种民族文化，让全民族的人都到英国、美国等世界各国接受良好教育，通过这种不断循环，用一百年的时间，成为一个非常发达的国家，事实也正是这样。全世界最漂亮的城市就是阿联酋，在沙漠里面完全是用淡化海水浇灌出的花草、房子的建设等各方面都非常漂亮。以此为基础，在两个小时的飞机行程、七天汽车行程为半径的范围内形成了一个经济圈，印度和巴基斯坦都在这个圈内；以自己为中心建了一个商业中心作为中转港，自己称为中东的香港。现在商业收入已占国民收入的40％，继续这样发展下去，当石油枯竭时，它绝不会再去赤日炎炎的沙漠放羊。正像孙亚芳副总裁在以色列的感受，想想我们，与以色列相比，我们的自然资源不知要好多少倍。以色列能在一亩地上产 35 吨西红柿，我们如果能每亩生产 3.5 吨就已经很了不起了。

以色列国在两千多年前被别国征服了，犹太民族被迫迁徙到世界各地。但犹太文化保存下来了，而且生生不息。两千年后，犹太民族又在原来的地方重建了自己的国家。

华为公司认为资源是会枯竭的，唯有文化才会生生不息。这里的文化不是娱乐活动，而是一种生产关系，不仅包含了知识、技术、管理、情操……也包含了一切促进生产力发展的无形因素。我们公司一无所有，只有靠知识、技术，靠管理，在人的头脑中挖掘出财富。

——摘自《唯有文化生生不息》

延伸阅读

在华为的企业文化中，很重要的一点就是负责任的精神。在华为绝大多数新员工都是刚刚毕业的大学生，有本科生、硕士以及博士，而他们中大多数都没有工作经历，只有理论知识。走出学校进入社会就不同了，他们成了一个承担责任和义务的载体，首先要对自己的言行负责；要对自己的家人、父母和社会负责；进入公司以后，要遵守公司的规章制度和纪律，要努力完成好工作，没有那么多的自由和多余时间，也没有那么多兴趣相投的玩伴。作为新员工，他们马上要投入新工作、走上新的岗位，因此与在学校最大的不同就是他们需要对自己的岗位负责。同时，任正非强调"凭责任定待遇"也是对新员工的一种激励。员工对自己的待遇都很关注，当公司明确了按责任定待遇的规则之后，员工就会加倍认真负责地对待自己的工作、自己的岗位。

资源是会枯竭的，但是文化却可以传承。任正非将培育一个富有责任感的企业文化氛围看得十分重要，并希望这种企业的责任文化体系能够一代代地为华为员工所发扬光大。

能量辐射

企业文化应该是包括企业的核心理念、经营哲学、管理方式、用人机制、行为准则、企业氛围的总和，是一个综合体。从根本上讲，企业文化是一个企业生生不息的源泉，更是企业的灵魂。在员工层体现的是企业士气，在管理层体现的是企业管理理念和企业家精神，是企业凝聚力和活力的源泉。

企业文化的力量是巨大的，这种"软力量"主要体现在以下四个基本功能上。

导向功能：旗帜鲜明地崇尚某种价值观，反对某种价值观，坚定地把员工的思想和行为引导到企业的发展方向上和要求上来。

凝集功能：使员工产生对企业的归属感和共同体意识。

激励功能：企业文化是企业活力的加速器。

约束功能：形成舆论压力、理智压力和感情压力。

那么，企业应该从哪些方面着手建立企业文化呢？以下几种方法可供企业管理者参考：

（1）晨会、夕会、总结会

就是在每天的上班前和下班前用若干时间宣讲公司的价值观

念。总结会是月度、季度、年度部门和全公司的例会，这些会议应该固定下来，成为公司的制度及公司企业文化的一部分。

（2）思想小结

就是定期让员工按照企业文化的内容对照自己的行为，进行自我评判，如是否做到了企业要求，如何改进。

（3）树立先进典型

给员工树立一种形象化的行为标准和观念标志，通过典型，员工可形象具体地明白"何为工作积极""何为工作主动""何为敬业精神""何为成本观念""何为效率高"，从而提升员工的行为。

（4）外出参观学习

外出参观学习也是建设企业文化的好方法，通过参观学习，使员工努力改进工作，向别人学习。

（5）开展互评活动

员工对照企业文化要求评价同事工作状态，也评价自己做得如何，并由同事评价自己做得如何，通过互评运动，改正缺点，发扬优点，以达到工作状态的优化。

（6）领导人的榜样作用

在企业文化形成的过程中领导人的榜样作用有很大的影响。

（7）创办企业报刊

这是企业文化建设的重要组成部分，也是宣传企业文化的重要载体，是向企业内部及外部所有相关的公众和顾客宣传企业的窗口。

以上所列只是建设企业文化的一部分内容，建立企业文化要从工作的各个环节着手，将各项工作执行过程中的指导思想提炼出来，以不断加强企业文化建设。

华为人就是普通人

　　对待媒体的态度，希望全体员工都要低调，因为我们不是上市公司，所以我们不需要公示社会。我们主要是对政府负责任，对企业的有效运行负责任。对政府的责任就是遵纪守法，我们去年交给国家的增值税、所得税是18个亿，关税是9个亿，加起来一共是27个亿。估计我们今年在税收方面可能再增加百分之七八十，可能要给国家交到40多个亿，我们已经对社会负责了。媒体有他们自己的运作规律，我们不要去参与，我们有的员工到网上辩论，是帮公司的倒忙。媒体说你好，你也别高兴，你未必真好；说你不好，你就看看是否有什么地方可改进，实在报道有出入的，不要去计较，时间长了就好了，希望大家要安安静静的。前几年国外媒体说我们资不抵债，亏损严重，快要垮了，我们不是它说垮就垮的。也许它还麻痹了竞争对手，帮了我们的忙。半年前，还在说我们资不抵债，突然去年年底美国媒体又说我们富得流油，还说我有多少钱。我看公司并不富，我个人也没多少钱。你们看我像有钱人吗？你们最了解，我常常被人误认为老工人。财务对我最了解，我去年年底，才真真实实还清了我欠公司的所有账，这世纪才成为无债的人。当然我买了房子、买了车。我原来是 10 万元买了一台广州厂处理的标志车，后来许多领导与我谈，还是买一个好一些的车，万一车祸能抗一下。所以媒体说我们富，就富了？我看未必。所以我们的员工都要自律，也要容忍人家的不了解，不要去争论。有时候媒体炒作我们，我们的员工要低调，不要响应，否则就是给公司帮倒忙。

我认为，我们要严格要求自己，把自己的事做好，把自己不对的地方改正。别人说得对的，我们就改了；别人说得不对的，时间长了也会证实他说得没道理，我们要以平常心对待。我希望大家真正能够成长起来，挑起华为的重担，分担整个公司的忧愁，使公司不要走向灭亡。希望大家正确对待社会上对我们的一些议论，希望大家安安静静的。我想，每个员工都要把精力用到本职工作上去，只有本职工作做好了才能为你带来更大的效益。只有这样我们公司才能安全、稳定。不管遇到任何问题，我们的员工都要坚定不移地保持安静，听党的话，跟政府走。我们华为人都是非常有礼仪的人。当社会上根本认不出你是华为人的时候，你就是华为人；当这个社会认出你是华为人的时候，你就不是华为人，因为你的修炼还不到家。

——摘自《华为的冬天》

延伸阅读

任正非的可贵在于他对于低调的始终如一的坚持。正因为低调，所以在网上要找到他的图片都很难；因为低调，这位卓越的企业家显得更加神秘；因为低调，任正非与他所领导的华为少了很多浮躁；因为低调，华为似乎更加沉稳成熟，促使华为走向卓越，不断超越。做企业，需要踏踏实实，不用炒作，不是短期行为；不靠明星效应，也不用媒体跟风。任正非说："我已习惯了我不应得奖的平静生活，这也是我今天不争荣誉的心理素质（形成的缘由）。"在任正非的引导下，华为人摒弃了不该有的浮躁和过分的自豪，剔除了躁动的种子，为公司的发展需要严格地约束着自己的行为。

能量辐射

企业文化建设对于企业发展来说，是具有划时代的意义的，这一点是被实践证明了的。企业文化是企业管理中不可忽略的一种精神因素，它存在于企业组织的各个方面、各个层次，从而在企业中形成一种价值观念、组织风气、思维方式和行为习惯，进而为企业创造出一种良好的组织环境和组织氛围，并从观念、信仰的层次上调动企业员工的工作积极性和对企业的忠诚度。由此可见，企业文化对企业组织的运转具有不可替代的作用。

万科公司的董事长王石在谈到企业文化建设时曾这样说："万科的企业文化是从创立之初到现在的一个积累总结的结果，在过去很长一段时间里，公司并没有形成明确、统一的文化理论，也没有自觉地展开企业文化建设。只是从 2001 年开始，公司才开始有意识地对企业文化进行系统的梳理，并进行有意识地宣传，既针对公司内部，也针对公司外部。后来，我们把企业的宗旨确定为'建筑无限生活'，把愿景确定为'成为中国房地产行业的领跑者'，把核心价值观定为'创造健康丰盛的人生'，这才形成了一套系统的企业文化体系。"

　　近年来，企业文化建设一直是管理学研究的热点，但就目前形势看来，很多企业的文化建设还停留在"看上去很美，说起来很甜，做起来很难"的初级阶段。认识到企业文化建设重要性的企业尚属少数，而且在具体行动上还存在较大差距。除少数企业已进入企业文化建设的深化和提高阶段外，中国大多数企业尚处于基本形成和酝酿探索阶段。为什么管理学家和企业家们如此心仪的企业文化总是飘在空中，落实不到位呢？归根结底是因为企业家对于企业文化重要性的认识不深，从而导致企业文化建设仅仅停留在纸上，而不能落在实处。因此，要想加强企业文化建设，就必须要求企业家们对企业文化建设的重要性有深入透彻的了解，进而使他们能够从根本观念上加强对企业文化建设重要性的认知，从而在具体管理实践中将企业文化落在实处。

小家不爱何以爱天下？

　　我们培养员工从小事关心他人，关心自己的亲人，帮助我们的亲人就是帮助我们的国家。有良好的个人修养，才会关怀祖国的前途。一个连父母、家庭都不爱的人，爱天下未免缺乏真实感。什么时候你是个中国人呢？当你在任何时候看到中国取得的巨大成就落泪时，你就是个中国人了。北大校庆时，江泽民主席在台上讲话，下面众多老北大人流泪时，我觉得他们是真正的中国人。华为的企业文化是建立在国家文化的基础上的。只有站在国家的高度去思考问题，才是真正的中国人。

　　华为以产业报国和科教兴国为己任，以公司的发展为所在区域做出贡献。为伟大祖国的繁荣昌盛，为中华民族的振兴，为自己和家人的幸福而努力。两部发动机，为国家，也为自己与亲人。华为公司不鼓励员工都去关心国家大事，而是鼓励员工把本职工作做好。本职工作搞好了，公司发展了，对国家的贡献大了，国家的大事也就容易解决了。华为经历了十年的努力，确立了自己的价值观，这些价值观与企业的行为逐步可以统一了，

形成了闭合循环。因此，它将会像江河水一样不断地自
我流动、自我优化，不断地丰富与完善管理。

——摘自《华为的红旗到底能打多久》

延伸阅读

在《华为基本法》中，有这样一段话："爱祖国、爱人民、爱
事业和爱生活是我们凝聚力的源泉。责任意识、创新精神、敬业
精神与团结合作精神是我们企业文化的精髓。"在任正非的许多
文章中，字里行间都能感受到他对国家的热爱，对事业的执着，
对家庭的重视，对长辈的尊敬。古代对于成功的人一般用立言、
立德、立功三方面来概括，我们可以说，在"立言"与"立功"
方面，任正非的成就已经众所周知，而在"立德"方面，任正非
做得同样出色。

任正非说："华为及其员工一直把爱祖国、爱人民、爱党作为
自己的企业文化，把国家前途、民族命运、企业的兴衰、个人得
失、家庭幸福看成一条生命链。我们倡导全体员工除了努力提高
自己企业的核心竞争力外，积极参加各类社会活动，支持社会进
步的各项举措，提高自己的精神素养；积极关心国家，支援希望
工程；积极参加抢险救灾，热情捐赠；积极帮助贫困学生完成学
业……"事实正是如此。

在《我的父亲母亲》中，任正非写道："回想起来，革命的中
坚分子在一个社会中是少的，他们能以革命的名义，无私无畏地
工作，他们是国家与社会的栋梁。为了选拔这些人，多增加一些

审查成本是值得的。而像父母这样追随革命，或拥护革命，或不反对革命的人是多的，他们比不革命好，社会应认同他们，给以机会。不必要求他们那么纯洁，花上这么多精力去审查他们，高标准要求他们，他们达不到也痛苦，而是要精神文明与物质文明一同来支撑，以物质文明来巩固精神文明，以一种机制来促使他们主观上为提高生存质量，客观上促进革命，充分发挥他们贡献的积极性。我主持华为工作后，对待员工，包括辞职的员工都是宽松的，我们只选拔有敬业精神、献身精神、有责任心、使命感的员工进入干部队伍，只对高级干部严格要求。这也是亲历亲见了父母的思想改造的过程，而形成了我宽容的品格。"这里任正非写出了自己品格的宽容的一面，他是一个充满温情、感情丰富、素养深厚的人。任正非意识到："是党和政府营造的宏观发展环境，是客户多年来给予的理解和帮助，才使华为从幼小的树苗成长到今天的规模和水平。"华为是懂得感恩的，同样华为也以自己的不懈努力，争取更大的竞争优势，为员工、为社会、为社区、为国家不断创造着贡献。

能量辐射

迈克尔·波特在《战略与社会：竞争优势与企业社会责任的联系》一文中将企业社会责任分为反应型和战略型两种。反应型企业社会责任，是指"企业做好自己的本分工作"，即传统做法；而战略型社会责任，则是"寻找能为企业和社会创造共享价值的机会，包括价值链上的创新和竞争环境的投资"，因为只有通过战略性地承担社会责任，企业才能对社会施以最大的积极影响，同时收获最丰厚的商业利益。

比如，戴尔公司的旧产品回收活动，公益事业宣传是发起募集旧电脑捐赠给非营利组织的活动；公益事业关联营销是当淘汰产品达到三件时，戴尔可以为购买指定产品的消费者提供 10% 的折扣；企业社会营销则是回收旧打印机；慈善活动是员工可以向多个支持项目捐款；社区志愿者活动是员工可以带薪参加社会公益活动；对社会负责的商业实践是制定的环保原则、政策和目标的产品设计；等等。

企业社会责任在国外已有了很大发展，也有了相当成熟的理论基础，但在国内，因为法律环境尚不完备、社会各方对企业的信任度不高，推行企业社会责任的环境还很不成熟，企业在社会营销过程中面临的难度可能很大。

尽管如此，一个有责任感的企业仍会在明礼诚信、保护环境、文化建设、可持续发展、慈善等方面不断做出努力，这既是社会对企业的要求，更是企业自身存在价值的体现。

责任有偿：工资只从效益中来

我国将加入信息技术协定，意味着中国信息工业被推到了市场竞争机制的最高形式，完全要凭公司的实力，参与跨国集团在中国市场上的竞争，任何国家保护都不会有了，就像孩子要与狼搏斗而没有母亲的帮助一样。中国电子工业 100 强的总和，只及 IBM 公司的 1/5，生死存亡，一下子就压在了我们这些年轻的、没有国际管理经验的公司身上。

我国在《马尼拉宣言》《大阪宣言》上承诺 2020 年实现贸易自由化，投资自由化。但自由化并非零关税，现在信息产业不仅要提前 20 年实现自由化，而且要零关税。这种竞争法则，迫使我们几乎提前几十年进入最激烈的市场角逐。是战，还是降？是胜，还是亡？这里没有侥幸。

公司的每一位员工，都要有强烈的责任感和危机意识。有人说："我是打工的，我拿这份工资，对得起我自己。"我认为这也是好员工，但是他不能当组长，不能当干部，不能管三个人以上的事情，因为他的责任心还不够。打工，也要负责任，在生产线出现的一个很小的错误，如果当场解决后，浪费的财产可能是一块钱；当我们把这个机器装到现场的时候，造成的损失至少是一千块钱。间接损失包括社会影响，包括客户对我们的不信任，这个损失绝不是一千倍可以衡量的。

总的来说，公司是希望不断地提高员工的收入，使员工的收入能够更好地进行家庭建设。但是钱从哪儿来呢，只有从提高效益中来。要按照公司总的增幅、总的利润的增长和降低成本目标来定出工资总额。所以如果我们利润不能再增长，我们收入也就不能再增长。只有大家提高自己的效益，使自己的工作有效性和质量达到一个高标准，才有可能把大家的待遇提到一个高标准。因此我认为企业要根据自己的效益来不断提高，去改善员工的生活。

由于市场和产品已经发生了结构上的大改变，现在有一些人员已经不能适应这种改变了，我们要把一些人裁掉，换一批人。因此每一个员工都要调整自己，尽快适应公司的发展，使自己跟上公司的步伐，不被淘汰。只要你是一个很勤劳、认真负责的员工，我们都会想办法帮你调整工作岗位，不让你被辞退，我们还在尽可能地保护你。但是我们认为这种保护的能力已经越来越弱了，虽然从华为公司总的形势来看还是好的，但入关的钟声已经敲响，再把公司当成天堂，我们根本就不可能活下去。因为没有人来保证我们在市场上是常胜将军。

——摘自《能工巧匠是我们企业的宝贵财富》

延伸阅读

2005 年 10 月，爱立信收购马可尼；2006 年 3 月，阿尔卡特与朗讯合并；2006 年 6 月，诺基亚与西门子合并……这些世界范围之内的兼并和资源整合给了任正非很大的冲击。任正非认为，华为之所以能在 2000 ～ 2003 年的 IT 泡沫破灭的艰难时期生存下来，是因为华为当时在技术和管理上太落后，而这种落后让公司没能力盲目地追赶技术驱动的潮流。但是，如今西方公司已经调整过来，不再盲目地追求技术创新，而是转变为基于客户需求的创新，华为再落后就会死无葬身之地。再者，信息产业正逐步转变为低毛利率、规模化的传统产业，这些兼并、整合为的就是应对这种挑战。加入信息技术协定之后，华为将面对世界上更多强手的挑战，华为的眼光只能放得更远，和世界最为先进的企业相比较，吸取长处、弥补自己的短处。而在这样激烈的竞争中，华为相对还很弱小，要生存和发展就必然面临更艰难的困境，只能用在别人看来很"傻"的办法，那就是艰苦奋斗。

能量辐射

如何在企业中树立一套危机预警系统已经成为一个备受瞩目的课题，以下四个步骤可以为企业领导者所借鉴：

首先，树立危机意识。要培养企业全体员工的忧患意识，企业领导人首先就要具备强烈的危机意识，能把危机管理工作做到危机实际到来之前，并为企业应对危机做好组织、人员、措施、经费上的准备。

其次，设立危机管理的常设机构。它可以由以下人员组成：企业决策层负责人、公关部负责人和公司一些其他主要部门的负责人，这些成员应保证其畅通的联系渠道。当危机发生时，该机构自然转型为危机领导核心。

再者，建立危机预警系统。企业危机是企业内外环境出现问题时造成的，因此，在危机爆发之前，必然要显示出一些信号。当企业经营过程中出现如下情况时，就有必要提请决策部门注意并进一步加强监测：对企业或企业领导人形象不利的舆论越来越多；企业的各项财务指标不断下降；组织遇到的困难越来越多；企业的运转效率不断降低。

最后，制订危机管理方案。对于一个企业来说，有效的危机管理可以防止危机的出现或降低危机造成的损失。实施危机管理时，应考虑以下几个方面的问题：检查所有可能造成公司与社会发生摩擦的问题和趋势；确定需要考虑的具体问题；估计这些问题对公司的生存与发展的潜在影响；确定公司对各种问题的应对态度；决定对需要解决的问题采取的行动方针；实施具体的解决方案和行动计划；不断监控行动结果；获取反馈信息，根据需要调整具体方案。

每个企业在生存和发展的过程中，都会遇到诸多因素影响乃至干扰企业的正常运营，这些因素共同构成了企业经营中的风险因素。面对风险，有的企业遭到失败，有的企业却把它转化为企业的发展动力，让它激励员工的士气，增强他们的义务感和责任感，调动每个员工的积极性，催其奋进，促其创新。

换句话说，企业管理者在企业发展过程中，如果能从改变员工的惰性这个角度入手，适时地制造危机，利用危机去攻击它、刺激经、克服它、战胜它，对企业的发展来说，不失为一个好事。危机虽然可怕，却是让员工展现自我、挖掘员工潜能的最有效的武器。

以上四点危机的应对之法，企业员工和管理者可以具体结合实际情况，灵活运用。但最为重要的前提是，企业中每一个人一定要具备充分的危机意识，这是战胜一切危机的前提。

推动华为前进的才是英雄

什么是英雄？人们常常把文艺作品、影视作品中的人物作为英雄的参照物。因此，在生活中没有找到英雄，自己也没有找到榜样。英雄其实很普通，强渡大渡河的英雄到达陕北后还在喂马，因此，解放初期，曾有团级马夫的称谓。什么是华为的英雄？是谁推动了华为的前进？不是一两个企业家创造了历史，而是70％以上的优秀员工推动了华为的前进，他们就是真正的英雄。如果我们用完美的标准去寻找英雄，是唯心主义。英雄就在我们的身边，天天和我们相处，他们身上就有值得我们学习的地方。我们每一个人的身上都有英雄的基因，当我们任劳任怨、尽心尽责地完成本职工作；当我们思想上艰苦奋斗，不断地否定过去；当我们不怕困难，愈挫愈勇，我们就是真正的英雄。我们要将这些良好的品德坚持下去，改正错误，摒弃旧习，做一个无名英雄。

我代表公司，深深地感谢各条战线上涌现出来的英雄。没有他们的奉献精神就没有我们今天的事业。但是，我们也应当看到，英雄是有一定时间性的，今天的成功不是开启未来成功之门的钥匙。要永葆英雄本色，就要不断地学习、戒骄戒躁、不断超越自我。我们要特别给从前方回来的员工提供更多的培训机会，改进培训的手段，大力发展电化教学，使公司各种好的培训能普及到每一名员工。我们任何一个到前方去的技术与管理人员，都至少要抽一个小时在办事处讲一课。做不到这一点的，考核中的团结合作，就要打折扣。每一个市场人员，都要利用点滴时间自我培训，每入、每时，与每一个人打交道，都是受着不同方位的培训。我们提倡自觉地学习，特别是在实践中学习。自觉地归纳与总结，就会更快地提升自己。公司的发展，给每个人都创造了均等的机会。英雄要赶上时代的步伐，要不断地超越自我。

历史呼唤英雄，当代中国更迫切地呼唤英雄，华为青年应该成为这样的英雄。谁能说今天的土博士，不会是明日的世界英才？我国只有在教育、文化、科技方面领先，才能走出让人欺辱的低谷。有志的中华儿女，应该献身于祖国的事业。

公司的总目标是由数千数万个分目标组成的，任何一个目标的实现都是英雄的成功。我们不要把英雄神秘化、局限化、个体化，无数的英雄及英雄行为就组成了我们这个强大的群体。我们要搞活内部动力机制，核动力、油动力、电动力、煤动力、沼气动力……它需要的英雄是广泛的。由这些英雄带动使每个细胞直到整个机体产生强大的生命力，由这些英雄行为促进的新陈代谢，推动我们的事业向前进。

因此，华为公司不会只有一名英雄，每个项目组也不会只有一人成功。每一次小的改进，小组都开一个庆祝会，使每个人都享受到成功的喜悦。你也可以邀请更多人参加，让更多人知道。当你乐滋滋的时候，你就是你心目中最崇拜的英雄。不要因为公司没有发榜，就以为英雄不存在。公司的管理总是跟不上你的进步，不要因为它的滞后而否定了你。即使发榜也只会选择少数代表，也不要以为没有被列入，你就不是英雄。是金子总会发光的，特别是在湍急的河流中。高速发展的华为公司给你提供了更多的机会，在团结合作、群体奋斗的基础上，努力学习别人的优点，改进自己的不足，提高自己的合作能力与技术、业务水平，发挥自己的管理与领导才干，走向英雄之路，做一个从没得到过授勋的伟大英雄。

——摘自《任正非：在公司研究试验系统先进事迹汇报大会上的讲话》

延伸阅读

1988年华为创业之初，任正非手上只有资金两万多元，员工也只有十几个，如果没有第一代人的艰苦奋斗、不计较低微的薪水，华为是无法发展起来的。因此，任正非经常在公开场合表达对那些默默付出的华为人的感激，他也提出"吃水不忘挖井人"

的观点。当华为在销售额上创造了一个又一个的辉煌后，员工的薪酬也得到了大幅度的提升，如公司让每个员工持有公司股份，实行年终分红的制度等，这都是任正非对于创造了今天的华为的"英雄"的回报。

然而企业不能只靠着元老存活，华为想要走下去，还需要更多的新鲜血液，更多继承了"英雄"血液的年轻人；元老也不能依靠着过去的功勋活下去，元老想要获得更大的发展、做出更大的贡献，还需要不断为自己充电，跟上时代的步伐。

基于这种考虑，任正非提出了"呼唤英雄"的口号，旨在号召每一名华为的员工，不管在什么岗位上都能够以"英雄"的标准来要求自己，以"英雄"的目标鞭策自己，同时希望华为的功臣们能够不断前进，一如既往地推动华为的发展。

能量辐射

在《华为呼唤英雄》一文中任正非提到，每一名员工只要做出了成绩，不管公司有没有颁发勋章，都是自己心中的英雄；每一名员工只要在自己的岗位上做好了自己应该做的事情，就都是企业的无名英雄。

职场中的每一个人都应当从这一观点中得到启发。并不是为企业争取到了千万的订单，或是为企业研发出举世瞩目的产品才能被称为企业的英雄，尽职尽责、每天都比前一天有所进步，这样的员工同样是企业的英雄。

脚踏实地地工作是成为英雄的前提。松下幸之助说："坦率地讲，我并没有那么长远的规划。珍视每一个日日夜夜，做好每一项工作，这是我今天辉煌的秘诀。当年，我并没有要兴建一座大工厂的远大规划。创业初期，一天的营业额仅仅 1 日元，后来又企盼一天的营业额增为 2 日元，达到 2 日元又渴求增至 3 日元，如此而已，我们只不过是热心地努力做好每一天的工作。让青年胸怀大志的确是桩好事，然而，为了达此目的，需要日积月累，要珍视每一天的每一件工作，由此而循序渐进地有所长进，最终才能成就伟大的事业。"

想要做出成绩很难，甚至想要做好本职工作都不是一件容易的事情，这一切只有在脚踏实地的工作中才能得以实现。许多浮躁的人都曾经有过远大的志向，却始终无法实现，最后只剩下牢骚和抱怨。

有的人刚步入职场，就梦想明天当上总经理；刚创业，就期待自己能像巴菲特一样富有。要他们从基层做起，他们会觉得很丢面子，甚至认为是大材小用。尽管他们有远大的理想，但缺乏专业的知识和丰富的经验，缺乏脚踏实地的工作态度，注定也将一事无成。

因为当今社会的浮躁和急功近利，有不少人每天都在想办法寻求成功的捷径，一行动起来，就尽可能地钻空子、占便宜，而不愿踏踏实实地按照正当的程序去做，到头来丧失了更多的自我发展的可能。于是有不少人发出这样的感叹：现今的社会太浮躁，能够务实发展的人实在太少了。事实上，务实是敬业员工必备的素质，也是实现梦想、成就一番事业的关键因素，自以为是、自高自大是务实的最大敌人。没有务实，何谈敬业？员工要克服浮躁心态，进入"务实工作状态"，并在这个过程中实现企业和员工的共同成长。

希望职场中的每一名员工都能记住，想要成为英雄，首先要尽职尽责地做好自己应该做的事，踏踏实实，切忌浮躁。珍视每一天，认真做好现在的工作，做一名优秀的士兵，才能逐渐积累自己的经验，磨炼自己的能力，增长自己的学识，从而获得更好的发展，获得你想得到的荣誉。

第三章
丛林生存：永不落单的华为人

胜则举杯相庆，败则拼死相救。华为人相信团队，也相信浴火能够涅槃。

烧不死的鸟就是凤凰

历时八年的市场游击队，锻炼了多少的英豪。没有他们含辛茹苦的艰难奋战；没有他们的"一把炒面，一把雪"，在云南的大山里、在西北的荒漠里、在大兴安岭风雪里的艰苦奋斗；没有他们远离家人在祖国各地，在欧洲、非洲的艰苦奋斗；没有他们在灯红酒绿的大城市，面对花花世界而埋头苦心钻研，出淤泥而不染，就不会有今天的华为。吃水不忘挖井人，我们永远不要忘记他们。没有他们"一线一线"地奋力推销，没有他们默默无闻地装机与维护，哪有今天的大市场。

随着时代的发展，我们需要从游击队转向正规军，像参谋作业一样策划市场，像织布那样精密管理市场。去年他们为市场方法的大转移而集体辞职，又让出权利，开创了制度化的让贤。他们能这样做，十分难能可贵，他们的精神永远记载在我们的发展史上。他们八年读人的经验十分宝贵，他们经历了八年考验的高尚品格难能可贵，是可培养的最好基才。人的才华的外部培养相对而言是比较快的，人的德的内部修炼是十分艰难的，他们是我们事业的宝贵财富、中坚力量，各级干部要多培养、帮助他们，提供更多的机会。我们这个大发展的时候，多么缺乏一群像他们那样久经考验的干部。"烧不死的鸟就是凤凰"，有些火烧得短一些，有些火要烧得长一些；有些是"文火"，有些是"旺火"。它是华为人面对困难和挫折的价值观，也是华为挑选干部的价值标准。经过千锤百炼的干部是第二次创业的希望，我相信会有许多新老干部担负起华为的重任。我们期待着他们。

我们是会富裕起来的，生活、工作环境都会逐渐有较大改善。我们要从管理上要效益，从管理效益中改善待遇。我们不断推行严格、科学、有效的管理，要逐步减少加班，使员工的身体健康得到保障。有健康的身体，才有利思想上艰苦奋斗。我们要对早期参加工作，消磨了健康的员工，有卓越贡献而损害了健康的员工，对担子过重而健康不佳的高中级干部提供更好的疗养条件，使他们恢复健康。百年树人，不能因一时的干旱，毁坏了我们宝贵的中坚力量。我们已走出困境，我们有条件帮助历史功臣，我们永远不会忘记他们的功勋。

——摘自《不要忘记英雄》

延伸阅读

随手一翻华为领导的内部讲话和宣传材料，感觉到字里行间充满着激情、鼓舞、号令和诱惑，任正非卓越的口才和煽情被公认为这种企业传统的源泉。

在1997年华为市场部的迎新大会上，市场部老总挥动着双手，无比激动地演说："市场营销是华为的先锋部队。在沙漠里，在高原上，在繁华的都市，在贫瘠的农村，等着我们的都是困难。我们的责任就是披荆斩棘，用生命、热血去铺筑华为的发展之路。胜则举杯相庆，败则拼死相救。狭路相逢勇者胜，烧不死的鸟就是凤凰！市场营销是华为最具机会的部门，已经有2000人的队伍。现在我们正在积极拓展海外市场，让我们去欧洲、进美洲、奋战在非洲！当我们的生命点燃成熊熊大火时，华为已经遍及全球。我可以骄傲地说：我今生无怨无悔！"一篇檄文，像战前动员一般令台下的年轻人热血沸腾，一批新员工就此毅然响应号召，去了当时最艰苦的边远市场。

能量辐射

理想与现实是人类永恒的话题，认清两者之间的关系对企业来说尤为重要。龙永图认为寻找与环境的相容性是企业家实现理想和目标的基础。企业家若空有理想而没有对现实和环境的认识，那么企业很可能还没成形便已夭折。一个过于理想化的企业家，往往会令企业的成长道路布满荆棘。

1987年，留学日本的何鲁敏，谢绝了日本方面的高薪挽留，带着9箱技术资料回到国内。何鲁敏是一个纯粹的技术人员，当时的"海归"非常稀少，他完全可以进入国家科技部门从事技术研发工作。但是他选择了创业，"因为我念这么多年的书，一个月只挣 62 块钱，还不如门口卖茶叶蛋的老太太"。这个创业理由相当稚气，也预示了这个知识分子的创业道路将会有意料之中的曲折。

那时候，中国人均 GDP 才 290 美元。何鲁敏却把创业的目光瞄准了空气加湿器。何鲁敏带着一腔热血，头也不回地跳进了这个非常冷门的领域。很快，对做生意过于理想化的何鲁敏遭到了来自市场的当头棒喝。创业之初，何鲁敏相信科学技术是第一生产力，一个企业中没有比技术更有用、更值钱的东西了。后来他发现不完全是这样的，技术先进，并不是一个企业成功的先决条件。面临实际困难后，何鲁敏才意识到市场经济是复杂而冷酷无情的。

知识分子创业往往太理想化，何鲁敏的创业一路磕磕碰碰，遇到各种难题，好在何鲁敏抗挫折力极强，一路坚持，终于大难不死，取得了成功。每个企业家都需要经历一些弯路才能慢慢长大成熟。但是如果何鲁敏在创业之初将理想主义和现实主义结合得紧密一些，也许他所受的挫折不会那么多。柳传志也以自己的亲身经历告诉后来人："凡事需要有理想，但不要理想化。"大多数创业者都是理想主义者，这一点非常可贵，可惜理想主义者往往想法浪漫，觉得一切问题只要按理想率性而为就会得到完美的解决，但现实会毫不留情地把他们教训得头破血流。何鲁敏最大的优点就是，心怀理想主义的热情，不抛弃，不放弃，在理想的世界中接受现实的洗礼，最终得到了凤凰涅槃的升华。

以恒变应万变

　　如果管理不从小改进做起，什么事都将做不成。世界上唯一不变的就是变化，贯彻永恒的是管理改进。现在华为公司面临一个战略转折点，那就是管理与服务的全面优化建设。因为如果没有良好的管理与服务，就不可能有市场的扩张，就不可能有所前进，所以管理的优化和服务意识的建立是公司的战略转折点。公司安排了3～5年时间来完成这个战略转移，如果能完成这个战略转移，我们效益水平即使不能提高到和西方公司一样高，但至少也能缩小与它们的差距，那么我们也是迅猛异常了。华为公司能否在经过巨大的艰难困苦之后出现一个非线性的高速发展时期，关键在于管理与服务的全面建设问题。

　　中国五千年来就没有产生过像美国 IBM、朗讯、惠普、微软等这样的大企业。因为中国的管理体系和管理规则及适应这种管理的人才的心理素质和技术素质，都不足以支撑中国产生一个大企业，我们只有靠自己进步，否则一点希望都没有了，这种摸着石头过河的方法的艰难与痛苦可想而知。美国可以在产品技术得以突破之后，高举产品的大旗，招聘有各国工作经验的人才，就可打遍全世界，而华为公司取得产品技术突破之后，不仅不能打遍全世界，而且在本国也未必有优势。我们作为小公司，也可能会有世界级的发明，超时代的发明，但这个发明一旦被西方大公司察觉之后，他们在很短时间完全可能做出超过我们很多的产品，当他们的产品覆盖全世界时，我们的产品就不可能卖出去了。因此现在华为公司决心构筑管理与服务的进步，一旦出现新的机会点，抓住它，我们就可能成长为巨人。我们现在是有机会也抓不住，最多在中国非主流市场上打一个小胜仗，大量的国际市场让给了西方公司。因此我们新技术的出现往往不能带给我们巨大的利益，这个巨大利益怎样产生呢？那就是优良的管理和良好的服务。

——摘自《不做昙花一现的英雄》

延伸阅读

华为公司有一个《管理优化报》，是专门进行自我批评的。天津管局来公司访问时，提了一些意见，中研部、中试部全体员工组织听录音，认真反思，写了不少心得，《管理优化报》把它编成了一本书，叫《炼狱》。华为的管理优化进行得如火如荼的关键，是任正非对管理的重视。

1995 年是华为管理进阶的起始年。这一年关于管理的关键词是：员工 100% 持股、产品多元化、发放股权凭证、发起"华为兴亡，我的责任"的大讨论、大规模推行 ISO9001 标准、《华为之歌》诞生、要求办事处搬到当地星级宾馆办公。此外，聘请中国人民大学教授团进行人力资源咨询，成立工资改革小组，设计工资分配方案。年底，任正非提出重建企业管理系统。1996 年 1 月，任正非要求总裁办牵头制定一部员工行事准则，于是《华为基本法》诞生了。

在任正非心里，只要有利于实现"成为世界级领先企业"的光荣与梦想，一切的改变和改革都是必要和必需的。不必继续追问这个理想背后的根源与动机，关键在于华为正在被理想驱使，并努力奋斗。

能量辐射

有这样一个小故事：很久以前有五个和尚住在一起，他们每天都分食一大桶米汤。但是因为贫穷，他们每天的米汤都是不够喝的。一开始，五个人抓阄来决定谁分米汤，每天都是这样轮流。于是每星期，他们每个人都只有在自己分米汤的那天才能吃饱。

后来经过研究，他们推选出了一位德高望重的人出来分米汤。然而好日子没过几天，在强权下，腐败产生了，其余四个人都会想尽办法去讨好和贿赂分汤的人，最后几个人不仅还是饥一顿饱一顿，而且关系也变得很差。然后大家决定改变战略方针，每天都要监督分汤者，把汤一定要分得公平合理。这样纠缠下来，所有人的汤喝到嘴里时全是凉的。

最后大家想出来一个方法：轮流分汤。不过分汤的人一定要等其他人都挑完后，喝剩下的最后一碗。这个方法非常好，为了不让自己喝到最少的，每个人都尽量分得平均。在这个方法执行后，大家变得快快乐乐，和和气气，日子也越过越好。

实施制度管理是企业管理高效的一个重要方法，同样的五个人，不同的分配机制，就会产生不同的效果。如何制定一个完善的管理机制，是每个领导需要考虑的问题，完善的管理机制就是竞争力。

制度管理是以制度规范为基本手段协调组织协作行为的管理方式，一个具有制度完善的组织往往能够高效运营。但制度管理绝不是管理的全部。

企业管理是一个任重道远的课题，要随着市场、需求、员工等因素的变化而不断调整，只有能够将"以人为本"的管理模式与制度管理的模式成功结合，并不断发展完善的企业，才能在激烈的竞争中立于不败之地。

昔日的成功不是继续生存的保证

　　成功是一个讨厌的教员，它诱使聪明人认为他们不会失败，它不是一位引导我们走向未来的可靠的向导。华为已处在一个上升时期，它往往会使我们以为八年的艰苦奋战已经胜利。这是十分可怕的，我们与国内外企业的差距还较大，只有在思想上继续艰苦奋斗，长期保持进取、不甘落后的态势，才可能不会灭亡。繁荣的里面，处处充满危机。

　　在这个世界上除了懒汉、二流子之外，90％的人都在身体上艰苦奋斗，吃大苦、耐大劳是人们容易理解的。但什么人在思想上艰苦奋斗呢？并不为多数人所理解。科学家、企业家、政治家、种田能手、养猪状元、善于经营的个体户、小业主、优秀的工人……他们有些人也许生活比较富裕，但并不意味着他们不艰苦奋斗。他们不断地总结经验，不断地向他人学习，无论何时何地都在自我修正与自我批评，每日三省吾身，从中找到适合他前进的思想、方法……从而有所发明、有所创造、有所前进。

公司已确立了接班人的标准，各级岗位上正在涌现成千、以后还会上万的优秀儿女，他们承认华为的核心价值观，并拥有自我批判的能力。数十年对他们的不断优化，不断成长，接班队伍不断扩大，任何不合乎发展规律的东西都经不起时间的考验，企业管理将会有良好的净化能力。经过一代一代的华为人的努力，华为的红旗会一代又一代更加鲜艳。一个企业的内、外发展规律是否真正认识清楚，管理是否可以做到无为而治，这是需要我们一代又一代的优秀员工不断探索的问题。只要我们努力，就一定可以从必然王国走向自由王国。

——摘自《反骄破满，在思想上艰苦奋斗》

延伸阅读

任正非早年提出的"通信市场三分天下，必有华为一席"的梦想基本上已经实现，接下来的路怎么走？目前华为的发展已经迈入"打造整体软实力"的第三阶段，慢慢地以均衡的姿态、以"灰度"的心态走向平和、走向理性。

一个大家都很熟悉的问题是：在自然界是先有鸡，还是先有鸡蛋？有的人认为自然界先有鸡后有鸡蛋，不然鸡蛋是从哪来的呢？有的人却觉得自然界先有鸡蛋后有鸡，如果没有鸡蛋，鸡怎么会出世呢？这就正如起点和终点，人是先从起点出发后到达终点，还是先到达终点后再从起点出发呢？生活中，每个人都经历着不同的起点到终点，终点到起点。每个人从这个起点出发后到达终点，再将下一个终点视为起点继续出发，对于企业来说是同样的道理。

任正非认为，成功是没有止境的。例如，对于生产的工艺、产品的加工质量，华为人都应该有一种"每天继续改进"的欲望；而市场营销则要从公关、策划型向管理型转变；至于中高层管理人员要善于作势，基层管理人员则要把工作做实。任正非坚持认为，成功只能说明过去，只有在思想中保持艰苦奋斗的优良传统，才能不为过去的成就所束缚，才能在更高的层次获得更大的进步。

世界上没有完美的人，也没有完美的企业，华为当然也不例外。虽然华为取得了一个又一个的成功，但是外界对华为的质疑从来没有停止过。对于过去的华为而言，任正非确实是一个不可否定的因素。但任正非的退休和离去是肯定的，谁都改变不了。华为如果没有管理体系，没有这个大平台，那么老人一旦退休，可能问题会变得非常严重。但对于今天的华为而言，任正非背后的企业战略和管理体系才是最重要的，只要这两个因素健全，华为的文化就一定能够延续。如果能在管理体系的建设上进一步优化，华为完全有能力从优秀走向卓越。而如今任正非和他率领的华为团队正在努力地打造这一体系，这也是任正非的使命之一。

能量辐射

企业发展不容易，有人认为满足于现状是一种知足常乐的好心态，也有人认为打下江山也要守好江山才行，但残酷点来说，安于现状、不能与时俱进的企业通常不能在市场竞争中生存下去。在企业蓬勃发展的时候更要去创新，虽然马云说过，"将来是小企业的天下，企业越小，越容易活下去"，但一个有理想、有追求的小企业才能更好地生存下去。虽然小企业的韧性很强，但是生命力很弱，他们经不起资金周转不灵，金融危机袭击，质量出差错等情况发生。事实证明，如果出现那样的情况，很多时候会让小企业一蹶不振，甚至破产。

在这一点上，任正非所提出的全员危机意识，时刻自省、时刻向前看的观念才是保证企业持续发展、不被时代所淘汰的正确选择。18 世纪，西方发明了汽车，逐步对之前的交通工具马车构成了严重的威胁。有两家马车生产企业面对威胁做出了不同的选择，其结果也截然不同。A 马车厂在马车的外观与舒适性上大做文章；B 马车厂则转向生产汽车。最终 A 马车厂随着马车退出历史舞台，也慢慢销声匿迹，而 B 马车厂则随着汽车的发展生意越做越大。这两个马车厂家的兴衰命运是由企业主对问题的不同理解决定的。A 马车厂老板认为自己是生产马车的，汽车的出现对自己是个严重的威胁，是马车的竞争对手，就想出各种办法对抗汽车；而 B 马车厂老板则认为自己是生产代步工具的企业，汽车取代马车，将是社会进步的必然结果，所以就果断放弃马车的生产，转为生产汽车，避免了被市场淘汰的厄运，并取得了跳跃式的发展。

随着社会的发展与进步，不断创新与淘汰是不可避免的，能够像 B 马车厂老板那样，抓住威胁背后的机遇，借势突破发展，将会获得成功。但在我国，中小企业中能够这样看问题的企业家很少，多数像 A 马车厂老板那样，守着昨日的辉煌，不肯顺应时代的发展，更不会发现其背后的机遇。违背市场发展的规律就如逆水行舟，终将被市场淘汰。

干部也得与员工同甘共苦

1.各级干部都必须努力培养超越自己的接班人，这是我们事业不断发展的动力。没有前人为后人铺路，就没有人才辈出。只有人才辈出，继往开来，才会有事业的兴旺发达。任何人都必须开放自己，融入华为的文化生活中去。

2.要有强烈的进取精神与敬业精神，没有干劲的人不能进入高层。不仅仅是个人的进取精神，还包括他所领导的这个群体的进取与敬业精神。没有敬业精神的高级干部要调整职位。华为公司永远要充满活力，永远不允许有自满自足的情绪在公司存在。

3.各级领导干部不但要学会做人，也要学会做事，踏踏实实地做事，认认真真地做事。那种只说不做，或只会做表面文章的人，只会进行原则管理，从不贴近事件的人，不能得到提拔和重用。

4.高中级干部要提高自身的修养，学习领导的艺术和良好的工作作风。我们要把批评与自我批评的工作作风，从高层一直传递到最基层去。

5.任何一个干部都要清清白白做人、认认真真做事，做员工学习的榜样。不仅要严格要求自己，也要严格要求部属。

6.在华为当干部要理解为一种责任，一种牺牲了个人欢愉的选择，一种要做出更多奉献的机会。每一个干部都要有远大的目光、开阔的胸怀，要在思想上艰苦奋斗，永不享受特权，与全体员工同甘共苦。

——摘自《不做昙花一现的英雄》

延伸阅读

任正非对于企业各级领导人一直以严格要求著称，尤其是对于领导人的工作态度和人品要求甚高。在 2010 年的新春致辞中任正非提到："我们要充分发挥干部后备队选拔、培养干部的作用，使一些优秀的员工，找到更适合他们的岗位。我们的干部要坚持实事求是的工作作风，敢于讲真话，不捂盖子，报喜更报忧，公平对待下属与周边合作，敢于批评公司及上级的不是。我们反对唯唯诺诺、明哲保身，这样的人不适合作为管理干部，我们在新一年要调整他们的工作。不敢承担责任、观察上级态度，是不成熟的表现；工作方法粗暴，是缺少能力的表现。我们在新一年中要逐步减少这类干部。"

为了监督领导人的工作，任正非更是建立了三权分立的干部监察制度。之所以要坚持三权分立的干部监察制度，源于任正非的一个担心，那就是"害怕我们这个公司上层中有的人头脑发

热，最后导致这个公司生命的终结"。对于任正非来说，领导人
是否能够清醒、冷静地做决策，对华为的发展来说至关重要。任
正非举了一个例子："万国证券公司是非常艰苦奋斗的，他们艰苦
奋斗的那段历史、那种经历是令世人都震惊的。他们不是从一个
坏公司垮掉的，而是从一个好公司垮掉的。他们是很有业绩，很
有成绩的，做得有声有色。但是，由于内外种种压力，他们的总
裁违反证券市场的操作法规，突然孤注一掷，抛空国债。如果，
判他不违法，他可以盈利40个亿，判他违法，他就亏损20个
亿。大家想一想，不要说他们亏损20个亿，就是华为亏损20个
亿，我们的日子也是很不好过的。他们很难过关就垮掉了。那
么，华为公司会不会垮掉呢？比如说我会不会孤注一掷呢？完全
可能的。因此，我们必须要有一个'基本法'来确立华为公司的
层层管理体系，确立层层动力和制约体系，这样，公司的发展才
能有序有规则。然而，要实现这个有序有规则不是一天两天就可
以实现的，将是非常漫长、很艰难的。但实现了这种动力与制约
机制，我们就不会犯万国证券的错误，不管总裁有多大的个人声
望，不对的事，就会有牵制。"

能量辐射

斯隆是一个爱好广泛、热衷交际的人，他身边有很多的好友
和死党。但是，在他担任通用总裁之后，从不与下级主管亲近，
对所有下属都以礼相待，保持一定距离。在他担任通用公司总裁
的50多年时间里，没有在公司内部结交过一个朋友。如果要和

他成为真正意义上的朋友也可以，但前提是你先离开通用公司，之后才能和他建立真正的情谊。而且，他从来不在公开场合谈论自己的喜好和家庭。

对于自己的孤立，斯隆是这样解释的："我也喜欢交友，喜欢身边有个说心里话的人，可是董事会信任我，让我坐在这个位置上，并给我比平常人都要高很多的薪水，不是让我来交朋友拉关系的。我的工作是评估企业里的人表现如何，从而做出正确的人事决策。假如我和某些同事有极深的交情，自然就会有好恶之分，这样就会影响我决策的正确性与客观性。在这个世界上，没有人喜欢孤寂，也不可能有。我之所以如此，是因为责任在身，我不得不放弃在工作场合建立私交。"

斯隆认为，总裁的职责就是做到公正客观，不偏不倚。他必须宽宏大量，不应计较下属采用何种工作方式，更不能把自己对下属的喜恶之情带入管理之中，唯一的评价标准应该是绩效和性格。如果一个总裁和公司同事之间建立起了"私交网"，那么在工作中他就无法做到不偏不倚，或者至少不能表现得不偏不倚。

斯隆的下属们不知道他喜欢什么，就不会因为他的喜而喜，也不会因为他的恶而恶，而是随时表达他们最真实的自己。正是因为如此，斯隆才能做到用人不拘一格，他手下的高级经理们，也是风格迥异，各有特色。

根据自己的喜好来选人用人，必将产生不公正。在现代企业里，卓有成效的管理者都是在管理过程中对事不对人，站在一个公正客观的立场上来进行管理活动。

在集体主义背景下谈个人主义

市场部集体大辞职的壮举，开创了华为公司内部岗位流动制度化，使职务重整成为可能。认真负责和管理有效的员工是华为最大的财富。尊重知识、尊重个性、集体奋斗和不迁就有功的员工，是我们的事业可持续成长的内在要求。我们要求员工要认真负责，但认真负责不是财富，还必须管理有效。

华为公司容许个人主义的存在，但必须融于集体主义之中。HAY公司曾问我是如何发现企业的优秀员工，我说我永远都不知道谁是优秀员工，就像我不知道在茫茫荒原上到底谁是领头狼一样。企业就是要发展一批狼，狼有三大特性：一是敏锐的嗅觉；二是不屈不挠、奋不顾身的进攻精神；三是群体奋斗。企业要扩张，必须有这三要素。所以要构筑一个宽松的环境，让大家去努力奋斗，在新机会点出现时，自然会有一批领袖站出来去争夺市场先机。市场部有一个"狼狈"组织计划，就是强调了组织的进攻性（狼）与管理性（狈）。

——摘自《华为的红旗到底能打多久》

延伸阅读

1995 年，随着自主开发的 C&C08 交换机占据国内市场，华为的年度销售额达到 15 亿，华为结束了以代理销售为主要盈利模式的创业期，进入了高速发展阶段。而创业时期的一批管理干部，许多已经无法跟上企业快速发展的需要，管理水平低下的问题，成为制约公司发展的瓶颈。

任正非解决这一问题的方式是所谓的"集体辞职"。1996 年 1 月，华为市场部所有正职干部，从市场部总裁到各个区域办事处主任，都要提交两份报告，一份是述职报告，一份是辞职报告。在竞聘考核中，包括市场部代总裁毛生江在内的大约 30% 的干部被替换下来。

此事当时被竞争对手评价为"炒作"，但事实上，在 1996 年通信市场爆发大战前夕，华为市场体系高达 30% 的人真的下岗了。公司发展需要变革，但变革难免有阻力，最大的阻力来自现有组织的惯性。任正非的这一举措让华为人明白，"在市场一线捕杀的人，不允许有思想上、技术上的沉淀。必须让最明白的人、最有能力的人来承担最大的责任"。

不过，任正非也深知"恩威并施"的重要。每年华为会从一线撤换下来很多人，这些人可调往海外市场或升迁、转岗、内部创业。其中内部创业就是鼓励员工出去创办企业，华为可免费提供一批产品供员工所创公司销售。据说，免费提供的产品价值 = 员工所持华为内部股 × 1.7。2000 年年底，曾被认为是任正非接班人的李一南离开华为，创办了做数据通信产品的北京港湾公司。据透露，华为当时给了他不小的支持，其中之一就是将他持有的华为内部股兑换成相应的华为数据通信产品。北京港湾成立第一年销售额就以数亿元计，而现在，北京港湾已成为华为的竞争对手。

能量辐射

公司发展到一定的规模，必须要建立人才培养机制来解决组织发展中的人才瓶颈。华为在 20 世纪 90 年代中期也面临同样的问题，主要是通过建立任职资格体系来解决的。目前，华为的任职资格管理制度已经成为各大企业学习的对象。

人才培养机制的建立已经有了系统的流程，但在实际工作中，尚需要注意几个问题：

1.需要统一规划和系统设计

任职资格体系的建立是一个复杂的工作，有必要进行统一规划、系统设计。而且，伴随着任职资格体系的建立，相应的激励体系也要随之建立，甚至有可能涉及组织结构的调整、工作内容的重新分配，而这些，往往是部门层面无法独立完成的。因此，任职资格体系的建立是公司层面的工作，要统一规划。否则，就会造成思想的差异、方法的不同、力量的分散，导致最终的结果是事倍功半。

经常有公司发生存在几套不同任职资格制度的情况。在公司层面建立了一套任职资格管理体系，各部门在执行公司层次的任职资格管理体系的同时，又建立了自己本部门的一套任职资格管理体系，这样就造成了管理的混乱和资源的浪费。例如，公司研发中心的任职资格等级划分为6个级别，6级是最低的级别，而工程分公司则只有4个级别，1级为最低级别。这样划分的后果会造成人员在相互流动时，级别对应出现困难，给管理带来不必要的麻烦。另外对于任职资格的评定组织存在着两套"班子"，公司及部门各自建立了自己的任职资格评定组织，其结果是重复评定、互相冲突。

2. 任职资格标准不是一成不变的

虽然保持任职资格的相对稳定性是前提，但不管哪种类型的人才在任职资格确定以后都不是一成不变的，要根据内外部环境对人才的需求变化而做出相应的调整。企业内部的资格认证体系中心也要确定一个相对稳定的更新任职资格的间隔时段，比如每两年或五年更新一次资格标准。

3. 职位分类分层一定要有相应的指导原则

职位的分层首先要考虑战略对人才的要求，要进行战略规划，明确企业需要哪几方面的人才，需要什么层次的人才。

职位划分在建立任职资格体系的过程中是一个非常重要的工作，将会直接影响到任职资格体系的有效性和适应性。职位划分包括两个方面：职位分类和职位分层。职位分类是指对工作性质相同、任职能力相似的不同职位进行识别和归类；职位分层是指根据企业战略对人才的要求以及不同职位类别工作难度、任职能力要求的复杂性来对不同职位类别进行层级划分。职位分类分层必须遵循六大原则：与工作紧密结合原则、适应公司发展要求原则、统一分类原则、区分度明显原则、垂直上升和横向流动双向发展原则以及突出重点领域原则。

　　任职资格体系如同所有其他的管理制度一样，需要随着时间的推移不断完善。企业发展的不同时期对人才培养有着不同的侧重点，需要企业领导人结合实际情况，具体分析。

合作才有永恒的优势

在下一步的发展中，我们已制订了第二次创业规划，我们将在科研上瞄准世界上第一流的公司，用十年的时间实现国际接轨。这个目标我们分三步走，三年内生产和管理上实现国际接轨，五年在营销上实现国际接轨，十年在科研上实现国际接轨。这里，我要说的是，我们所谓的营销国际化，不是在国外建几个工厂，把产品卖到国外去就够了，而是要拥有五至六个世界级的营销专家，培养50～60个指挥战役的"将军"。我们现在正在建设一个较大规模的工厂，厂房的长度是300米，宽度是180米，总面积达13万平方米。我们已投资一千万人民币引进MRP II的软件，这个管理软件通过我们一年到两年的消化和提高，将使我们的企业管理水平和生产管理水平达到国际水准。同时，投资2.5亿，引进先进的加工生产设备，引进与研制相结合各种调测设备。跨过这个世纪后，我们的工业产值将超过百亿。

我对奋战在各条战线、为此成绩而努力的人们，表示真诚的感谢。他们都是在思想上艰苦奋斗的榜样，我们要向他们学习，踏踏实实、矢志不渝、集中精力钻研一项成果的精神。自企业成立以来，公司高层管理团队夜以继日地工作，有许多高级干部几乎没有什么节假日，24小时不能关手机，随时随地都在处理突发的问题。现在，更因为全球化后的时差问题，总是夜里开会。我们没有国际大公司积累了几十年的市场地位、人脉和品牌，只有比别人更多一点奋斗，只有在别人喝咖啡和休闲的时间努力工作，只有更虔诚地对待客户，否则我们怎么能拿到订单？

成功使我们获得了前所未有的条件与能力；成功使我们有信心、有实力去系统地克服迅速成长中的弱点；成功使我们有勇气、有胆略去捕捉更大的战略机会，使我们从根本上摆脱过去，获得内在可持续成长的生命力。

——摘自《任正非：加强合作，走向世界》

延伸阅读

任正非认为，跨出国门，成为一家国际性企业是面对危机的必然要求。正如他所讲的，"我们总不能等到没有问题才去进攻。我们要在海外市场的搏击中，熟悉市场，赢得市场，培养并造就干部队伍。我们现在还十分危险，完全不具备这种能力。若三至五年内建立不起国际化的队伍，那么中国市场一旦饱和，我们将坐以待毙"。任正非雄才大略，目光深远，深谋远虑，他不是一个政治家，却有着一个政治家的敏锐眼光，有着一个政治家的谋略与胆识，这正是他能够在市场经济的大浪淘沙中勇立潮头的重要原因之一。

在他的带领下华为在通讯市场上摧城拔寨，研发出一项又一项新的产品和技术，从国际电信大鳄口中抢单，结网式地搜夺人才，并将员工培养成富有攻击性、忧患意识和团队精神的"华为狼"。任正非遭遇过中国社会的数次大变革，始终在经济和政治的动荡间有力生存，终铸大业。

当时国际市场上的良田沃土，早已被西方公司抢占先机，只有在那些偏远、动乱、自然环境恶劣的地区，西方公司动作稍慢，投入稍小，华为才有一线机会。为了抓住这稀有的机会，无数优秀华为儿女离别故土和亲人，奔赴海外。无论是在疾病肆虐的非洲，还是在硝烟未散的伊拉克，或者海啸灾后的印尼，以及地震后的阿尔及利亚，到处都可以看到华为人奋斗的身影。

20世纪90年代，与人民大学的教授一起拟定《华为基本法》时，任正非就提出要把华为做成一个国际化的公司。事实证明了任正非战略家的眼光，在走出去战略的执行过程中，华为除了价格、技术、市场等常规方法，还坚持把紧跟国家的外交路线作为华为自己的销售路线。任正非明确表示："中国的外交路线是成功的，在世界赢得了更多的朋友……华为的跨国营销是跟着我国外交路线走的，相信也能成功。"

要特别说明，千万不要把差的人推荐到海外去。千万不要像卸包袱一样地向国外卸，这一点大原则要明确。建议干部部门要建立制度，凡是有办事处推荐的员工在海外出问题，推荐他的主任就要给予一定的处分。

能量辐射

任正非是一个有野心的企业家，他一向坚信所谓逆水行舟、不进则退，企业想要活下去就必须不断壮大，不断发展。对待国际化的问题任正非同样表示，走出国门绝对不代表只在国外建设几个工厂，把一些产品卖出去，中国企业应该有更大的野心和更高的追求。

但是很多企业家存在这样的疑问：中国有很大的内需市场，中国市场就是全球最大的市场，那我们为什么还非得要走出去？光把内需市场做好行不行？

这种想法是片面的。一方面，先注重国内市场不错，中国本来这么大一个市场，如果在中国这个市场都做不好，走向海外、国际化可能无从谈起；但是另外一方面，现在国际化是一种趋势，不是说企业想不想走出去，而是必须要走出去，你不走出去，别人会走进来跟你竞争。所谓国际化，并不意味着企业是否在国外驻扎，员工是否派驻国外，而是看企业能不能按照一种新的全球化的理念和规则来运营。所以说从这个角度来讲，所有的企业都应该培养这种国际化的视野。

国际化对于任何一个国家来讲都是一个痛苦的过程。二十世纪七八十年代，日本企业刚进入美国市场的时候，因为对自己的定位、对对方的市场认识不清楚，也经历过一个痛苦的过程。我们大部分企业，尤其是民营中小企业，对国外的市场不了解，对国外做事的方式不了解，但最根本的是从一定程度上还没有完全地商业化，这些都有可能让我们的国际化之路走得很坎坷。但这些问题通过不断加深了解、不断进行战略调整都可以克服，而一旦克服了这些困难，企业势必得到更好的发展。

另外，国内企业在国际化过程中并非毫无优势可言。首先，金融危机以来，传统的发达市场、发达国家的企业，确实遭受了重创，这对中国企业来说是一次机会。从资金实力看，现在中国国有企业不差钱，他们要出去搞兼并收购，国家无论从资金上、政策上都会给予支持，这在国外的企业是没有的，也是中国企业目前的优势。

其次，中国本身是一个非常大的市场，以前我们走出去或者要寻求合作的时候，对方不一定有兴趣，但是现在如果我们把海外市场、中国市场统筹起来看，中国企业的介入以及合作，就变得非常有吸引力。

国内的企业领导者们应该有着这样的眼光：走出去是必然，而既然走出去，就不能满足于小小的成就，应该有更大的野心和追求。在不断进取中，企业才能得到长足的发展。

第四章
学习要自主，还要"窄频带高振幅"

自主学习，或者有偿辅导，因为知识都是昂贵的；当然，为了体现民主，华为从不强迫学习，但奉行末位淘汰制度，因为适者生存是自然法则。

改进最短的木板才能提升能力

我们怎样才能活下来？不能靠没完没了地加班，所以一定要改进我们的管理。在管理改进中，一定要强调改进我们木板最短的那一块。各部门、各科室、各流程主要领导都要抓薄弱环节。要坚持均衡发展，不断地强化以流程型和时效型为主导的管理体系的建设，在符合公司整体核心竞争力提升的条件下，不断优化员工的工作，提高贡献率。为什么要解决短木板呢？公司从上到下都重视研发、营销，但不重视理货系统、中央收发系统、出纳系统、订单系统等很多系统，这些不被重视的系统就是短木板，前面干得再好，后面发不出货，还是等于没干，因此全公司一定要建立起统一的价值评价体系。统一的考评体系，能使人员在内部流动和平衡成为可能。比如有人说我搞研发创新很厉害，但创新的价值如何体现，创新必须通过转化变成商品，才能产生价值。我们重视技术、重视营销，这一点我并不反对，但每一个链条都是很重要的。相对用服来说，同等级别的一个用服工程师可能要比研发人员的综合处理能力还强一些。所以如果我们对售后服务体系不认同，那么这体系就永远不是由优秀的人来组成的。不是由优秀的人来组织，就是高成本的组织，因此，我们要强调均衡发展，不能老是强调某一方面。比如，我们公司老发错货，发到国外的货又发回来了，发错货运费、货款利息不也要计成本吗？因此要建立起一个均衡的考核体系，才能使全公司短木板变成长木板，桶装的水才会更多。我们这几年来研究了很多产品，但IBM还有许多西方公司到我们公司来参观时就笑话我们浪费很大，因为我们研究了很多好东西但是卖不出去，这实际上就是浪费。我们不重视体系的建设，就会造成资源上的浪费。要减少木桶的短木板，就要建立均衡的价值体系，要强调公司整体核心竞争力的提升。

——摘自《华为的冬天》

延伸阅读

任正非多年来的经营管理核心可归结为均衡的思想。自2001年起，在任正非总结的华为"十大管理要点"中，不管内外部环境发生了怎样的变化，"坚持均衡发展"始终放在第一条。任正非的经营管理思想的核心就是均衡，均衡是其最高的经营管理哲学。他认为，介于黑与白之间的灰度，是十分难掌握的，这就是领导与导师的水平。

"继续坚持均衡的发展思想，推进各项工作的改革和改良。均衡就是生产力的最有效形态，通过持之以恒的改进，不断地增强组织活力，提高企业的整体竞争力，以及不断地提高人均效率"，这是华为长期坚守的核心价值观。而为了实现均衡的目标，抓住企业管理优化过程中的短板则是重中之重。

华为多年的成长与发展之路，是建立在动态地实现功与利、经营与管理的均衡基础之上的，通过持续不断地改进、改良与改善，华为不断强化与提升经营管理能力，进而使企业走上了一条良性发展之路。华为的成功，也再次以中国式的案例说明，均衡的管理是企业真正的核心竞争力。

能量辐射

一只水桶想盛满水，必须每块木板都一样平齐且无破损，如果这只桶的木板中有一块不齐或者某块木板下面有破洞，这只桶就无法盛满水。也就是说，一只水桶能盛多少水，并不取决于最长的那块木板，而是取决于最短的那块木板。

正如短板效应所说的，一个企业只有在原料、员工、生产、销售、物流等环节的配合之下才能形成完美的产业链，发挥出核心竞争力。然而核心点和优势点也不是完美无缺的，也有不符合标准、不满足市场的薄弱之处，这就需要企业将这些弱点找出来，然后不断完善提高。

事物的发展是不断变化的，企业在某一特定阶段中的薄弱之处也会随着企业的不断发展而发生变化，因此就需要管理者能够准确抓住企业发展中的弱势，并通过策划、组织、控制、指挥、协调等手段解决这些问题，使企业实现均衡发展。

对企业来说，有弱点并非坏事，企业管理者应善于发现这些弱点，分析弱点并根据市场、技术、资本、人员等因素改进这些短板，以求达到企业的均衡发展，这样才能不断地改进我们的工作，促进企业不断发展。

自我批评之后再谈进步

1993年初，当郭士纳以首位非 IBM 内部晋升的人士出任 IBM 总裁时，提出了四项主张：保持技术领先；以客户的价值观为导向，按对象组建营销部门，针对不同行业提供全套解决方案；强化服务，追求客户满意度；集中精力在网络类电子商务产品上发挥 IBM 的规模优势。

我们对 IBM 这样的大公司，管理制度的规范、灵活、响应速度不慢有了新的认识，对我们的成长少走弯路，有了新的启发。华为的官僚化虽还不重，但是苗头已经不少。企业缩小规模就会失去竞争力，扩大规模，不能有效管理，又面临死亡，管理是内部因素，是可以努力的。规模小，面对的都是外部因素，是客观规律，是难以以人的意志为转移的，它必然抗不住风暴。因此，我们只有加强管理与服务，在这条不归路上才有生存的基础。这就是华为要走规模化、搞活内部动力机制、加强管理与服务的战略出发点。

华为从小公司演变发展而来，不良习气还在我们身上不断地散发；组织体系也从没有经历过如此扩张，管理的脆弱，一定会在高速膨胀中显现出来；我们的队伍太年轻，好奇心、兴趣点还没有转到做实上来，幼稚还是我们向日葵般面庞的写照。而在我们的前面是竞争对手，后面也是竞争对手，他们的强大是我们年轻队伍不曾感受过的，后来者的生机蓬勃，也是我们始料不及的。后退是没有出路的，落后只有死路一条。狭路相逢勇者胜，唯有针对自身建设上的弱点，毫不遮掩地揭露和改正，才能使我们真正健康起来，强大到足以参与国际竞争。我们真正战胜竞争对手的重要因素是管理与服务，并不完全是人才、技术与资金，上述三要素没有管理形不成力量，没有服务达不到目标。至少华为近两三年生死存亡的问题是管理与服务的进步问题。

管理是世界企业永恒的主题，也是永恒的难题，华为在第二次创业中更加不可避免。人才、资金、技术都不是华为生死攸关的问题，这些都是可以引进来的，而管理与服务是不可照搬引进的，只有依靠全体员工共同努力去确认先进的管理与服务理论，并与自身的实践紧密结合起来，才能形成我们自己的有效的服务与管理体系，并畅行于全公司、全流程。

有管理进步的愿望，而没有良好的管理方法与手段，必定效率低下，难免死亡。华为公司的人均效益和西方公司比较至少要低三倍以上，那么我们浪费的是什么呢？是资源和时间，这是因为管理无效造成的。我们正在引进西方的各种先进管理，要通过我们的消化来融会贯通。

公司现在最严重的问题是管理落后，比技术落后的差距还大。我们发展很快，问题很多，管理不上去，效益就会下滑。当务之急是要向国外著名企业认真学习，我们聘请了非常多的国外大型顾问公司给我们提供顾问服务。如我们的任职资格评价体系，是请的美国 HAY 公司来作顾问的。通过自己的消化吸收，一点一点地整改。任何整改都得先刨松土壤，这就要先从自我批评入手，才能听得进别人的意见。

——摘自《我们向美国人民学习什么》

延伸阅读

2007 年年初，任正非亲自给 IBM 公司 CEO 彭明盛写了封信，希望效仿 IBM 的财务管理模式进行转型。华为需要的不是一般的财务咨询顾问，IBM 公司自己的财务人员必须亲自参与其中。之所以认定 IBM，是因为前期 IBM 帮助华为实施 IPD 等项目，带给华为"脱胎换骨式的改变"。

向 IBM 等优秀的大型跨国企业学习如何提升企业管理水平，如何对财务进行卓越化、精细化、预见性管理。尤其在 2007 年到 2008 年左右，财务管理、资金管理显得更加重要。任正非曾说，"我知道我们接了许多订单，但不知道哪些是赚钱的"，究其缘由，就是企业发展太快了，财务管理水平跟不上，因此从 2007 年到 2008 年，华为的利润率是比较低的，对财务与资金管理系统调整、充实、提高完成后，或许会提高一些。

2007 年，任正非已经意识到了华为"土狼式"冲锋快要走到极致，仅仅依靠人海战术抢夺市场份额越来越难，在欧美等成熟海外市场的扩展必须得依靠更为细致的管理，这其中，财务成本控制最为重要。

在战略管理上，任正非高度重视公司运营中的现金流问题。通过公司间的并购整合，通过及时出售、分离部分资产，通过多次内部融资，通过与国家开发银行的务实合作，华为在不同的历史时期保持了公司现金流的充沛，保证了华为经营的正常化与抵御危机的能力。因此华为在不断成熟，管理不断优化。尤其是企业规模越来越大，能否有效突破发展中的每一个天花板，成为对企业家的严峻考验。而华为的应对总是积极的、卓有成效的，其应对方法与应对策略，也令人耳目一新，令人振奋鼓舞。

华为的《管理优化报》报纸，是专门对华为人自身的缺点、管理的薄弱环节进行批评、反思的。在任正非看来，在华为国际化的过程中，管理也必须不断提升，这就是优化的过程。

任正非认为，华为要走向国际化，管理体系必须与国际化接轨。实行职业化管理和拥有国际化人才是成为世界一流企业的必要条件。1997 年开始，华为与国际著名的顾问公司合作，逐步建立起了以职位体系为基础、以绩效与薪酬体系为核心的现代人力资源管理制度，并实施了以集成产品开发、集成供应链为核心的业务流程变革。2003 年开始，华为又进行组织机构的重大调整，将过去集权化的公司组织向产品线、准事业部制改变，缩小利润中心，加快决策速度，适应快速变化的市场，增强"以小搏大"

的差异化竞争优势，逐渐建立起一套国际化的管理体系。

能量辐射

中国企业管理模式属于群体主义文化下的文化管理。单个企业成功的例子是海尔管理模式，支撑海尔二十几年的高速成长壮大，对海尔管理成功经验的具体分析，在《海尔企业文化的结构、功能分析与启示》一文中有所总结。温州企业之间自发形成的产业集群是供应链上企业联盟成功的例子。这些成功的例子，都是以群体主义价值观为文化支撑而形成的。

日本企业将工业工程理论与日本文化相结合，创造出了丰田生产模式。中国企业也需要在学习外国成功的企业管理经验中，结合自己的文化特质进行管理制度、管理模式的创新。在学习借鉴欧美与日本的企业管理经验过程中，应注重以企业文化建设促进对日本管理经验的吸收；重视以文化管理思路促进企业管理科学化的重要性，将群体本位价值观与西方现有的人力资源管理制度结合在一起。

在中国企业管理模式创新的过程中，无论是在企业内部管理中学习外国管理经验进行管理制度创新，还是在激烈的市场竞争中，尝试通过横向或纵向的企业间联合进行研发投资实现技术创新，以群体为本位的制度设计思路，是中国企业做大做强的必然选择与创新方向。

在管理的优化过程中，中国企业不妨借鉴 C 管理模式。C 管理模式，就是构建一个以人为核心，形神兼备、遵循宇宙和自然组织普遍法则，能够不断修正、自我调节、随机应变的智慧型组织，并将中国人文国学（为人处世之道）与西方现代管理学（做事高效高量之法）相互融合，进行企业人性化管理的一种新型企业组织管理运营模式。

这种以人为运营核心的、具有更大的能动性和更强的应变能力的企业组织，简称为"智慧型组织"。由于它是继金字塔形机械式组织（A管理模式）、学习型扁平式组织（B管理模式）之后出现的第三种组织模式，并且是在西方先进的现代管理学的基础上，融入了中国国学之大智慧的组织类型，因而取"CHINA"的第一个字母"C"，为这个智慧型组织命名为"企业C管理模式"。"以人为核心"是构建智慧型组织的基本，是C管理模式的关键；"以人为本"运营智慧型组织，是C管理模式的原则；"道法自然"，遵循自然组织的普遍规律和基本法则，是C管理模式的特征。

社会在变，制度在变，行业在变，员工在变，一切都在变，在这一切变化了之后，企业所使用的管理学原理，有理由迫切需要一个全新的具有实效性的适应时代需要的变革。竞争日益激烈的市场要求每一名企业管理者不断根据自身情况，选择适合的管理模式。

战略专家：读书读人，作势做实

思想不经磨炼，就容易钝化。那种善于动脑筋的人，就越来越聪明。他们也许亲自尝试，惹些小毛病，各级领导要区分他们是为了改进工作而惹的毛病呢，还是责任心不强而犯下的错误。是前者，您要手下留情，我们要鼓励员工去改进工作。在一个科学家的眼里，他的成果永远是不完善的，需要不断地优化。我们产品办、中研部、中试部的员工有这样的感觉时，您就进入了科学家的境界。对我们生产的工艺、产品的加工质量，您每天都充满去改进的欲望时，难道您还看不见爱迪生的身影吗？我们的市场营销要从公关、策划型向管理型转变，高中级要作势、基层要做实。这种"作势做实"需要我们多少人去琢磨，我们那些读了几年人的销售工程师，在理论上再提高，多读一些书，"读书又读人"，"读人再读书"难道就不会转变成战略专家吗？知识点滴在积累，方法在一点一滴去实践，成绩一点一滴去创造。只要动脑筋，善于用纸笔去总结，几年后您再来看自己，就有些奇怪进步为什么这么大。华为是一个大学校，它在改造人，培养造就人。一个思想上的懒汉，真是虚度了这么宝贵的年华。为什么会有大厨师？为什么会有名小吃？难道思想上不艰苦奋斗会有这些成就吗？一个机关干部不断去改善您的运作程序，不断去改善周边合作，下了决心去总结，推行 ISO9000、MRP II 会有这么难吗？华为人做任何事都十分认真，而且第一次就把它做好，这种风气已广泛为员工接受。只有在思想上艰苦奋斗，才会在管理上赶上日本。当我们的产品质量非常好、成本又低，销售还会这么难吗？销售不难，可以减一些人，成本又进一步下降，竞争力又进一步增强，管理的"马太"效应不就发生了吗？

——摘自《反骄破满，在思想上艰苦奋斗》

延伸阅读

华为员工张建宁于 2000 年 9 月入职华为公司，被分配到无线技术支持部的第一线，从事 GMSC35 新产品的技术支持工作。从此，现场开局、现场割接支持、远程支持问题处理工作成了他生活的主旋律。2001 年 7 月，实施中国移动 GSM 目标网全网升级项目，为了组织全网项目实施以及做好远程支持工作，张建宁一个月有近 20 天在公司加班过夜。就这样，两年时间内，他现场支持了 40 多个重大工程项目的割接，个人也得以快速成长，积累了扎实的专业知识和丰富经验。2003 年，张建宁成为无线产品二线技术支持工程师、国内 GSMNSS 产品责任人。2004 年 10

月，由于中国移动软交换长途汇接网公司特级重大项目的需要，张建宁被调入北京分部，作为移动软交换长途汇接网项目的技术总负责。张建宁从一名普通的一线技术员，成长为华为的技术专家。

任正非常挂在嘴边的词汇中有一个是"沉淀"。在他看来，一个组织时间久了，老员工收益不错、地位稳固就会渐渐地沉淀下去，成为一团不再运动的固体——拿着高工资、不干活。因此他爱"搞运动"，任正非认为，将企业保持激活状态非常重要。华为走到今天，靠的就是这种奋斗精神和内部的一种永远处于激活状态的机制。对组织而言，沉淀层不啻为难以出手的热山芋，管理者面对该问题时左右为难，在辞退成本、组织活力、人情颜面等方面犹豫不决，就不得已采取冷处理方式——打入"冷宫"，安排闲职，希望这些沉淀层熬不住自己主动辞职。和华为其他与众不同的做事风格一样，华为在"沉淀"问题上的做法也是非常有特点的。一方面华为不断通过文化建设、激励机制、危机意识使员工始终处于激活状态，尽可能减少沉淀的发生，客观上讲华为的沉淀层比例并不大。另一方面，华为公司通过几次大运动较好地解决沉淀层的退出问题，比如在华为文化中占有重要地位的市场部集体大辞职，2001 年左右的内部创业风潮，直至 2008 年的 7000 员工大辞职，其实都是一脉相承的，每次间隔 5 ~ 6 年，每次都是大动作。

能量辐射

爱默生说："一个人，当他全身心地投入自己的工作之中，并取得成绩时，他将是快乐而放松的。但是，如果情况相反，他的生活则平凡无奇，且有可能不得安宁。"

一个对自己工作充满激情的人，无论在哪里工作，都会认为自己所从事的工作是世界上最神圣、最崇高的一项职业；无论工作的困难是多么大，或是标准要求多么高，他都会始终如一、不焦不躁地去完成它。

有激情就能够受到鼓舞，鼓舞又为激情提供了能量。只有当你赋予你所做的工作以重要性的时候，激情才会应时而生。即使你的工作不那么充满乐趣，但只要你善于从中寻找意义，也就有了激情。

当一个人对自己的工作充满激情的时候，他便会全身心投入自己的工作之中。这时候，他的自发性、创造性、专注精神等便会在工作的过程中表现出来。为什么有些人能够发挥出自己最大的潜能，保持住自己较高的工作激情呢？

首先，是专心致志的结果。良好的注意稳定性确保了高效率、高质量。对工作的意义理解得深刻，抱有积极态度，而且有浓厚的兴趣。

其次，是有一颗平常心。不以此论英雄，也不想借此扬美名，这样的平常心态，反而能取得成功。一心想扬名、挣钱的人，由于动机太强，行为往往会出问题，要么不协调，要么出偏差。只有把心放在一种平静悠然的状态之中，人的最大潜能才能发挥出来。

超越才有前途

自我批判不是今天才有，几千年前的曾子"吾日三省吾身"；孟子"天将降大任于斯人也，必先苦其心志，劳其筋骨，饿其体肤，空乏其身，行拂乱其所为，所以动心忍性，曾益其所不能"；去粗取精、去伪存真、由表及里、由此及彼，都是自我批判的典范。

华为还是一个年轻的公司，尽管充满了活力和激情，但也充塞着幼稚和自傲，我们的管理还不规范。只有不断地自我批判，才能使我们尽快成熟起来。我们不是为批判而批判，不是为全面否定而批判，批判的目的是为了优化自己的行为和工作方法，总的目标是要导向公司整体核心竞争力的提升。

我们处在IT业变化极快的时代，这个世界上唯一不变的就是变化。我们稍有迟疑，就失之千里。故步自封，拒绝批评，忸忸怩怩，就不只千里了。我们是为面子而走向失败、走向死亡，还是丢掉面子、丢掉错误，迎头赶上呢？要活下去，就只有超越，要超越，首先必须超越自我，而超越的必要条件，是及时去除一切错误。去除一切错误,首先就要敢于自我批判。古人云"三人行必有我师",这三人中,其中有一人是竞争对手,还有一人是敢于批评我们设备问题的客户,另一人就是敢于直言的下属、真诚批评的同事、严格要求的领导。只要真正地做到礼贤下士,没有什么改正不了的错误。

中国人一向散漫、自由、富于幻想、不安分、喜欢浅尝辄止的创新。不愿从事枯燥无味、日复一日重复的工作,不愿接受流程和规章的约束,难以真正职业化地对待流程与质量。没有自我批判,克服自身的不良习气,我们怎么能把产品做到与国际水平一样高,甚至超过同行?

同时,我们也要告诫员工,过度地自我批判,以致破坏成熟、稳定的运作秩序,也是不可取的。自我批判的不断性与阶段性要与周边的运作环境相适应。我们坚决反对形而上学、机械教条的唯心主义。在管理进步中,一定要实事求是,不要形左实右。

——摘自《为什么要自我批判》

延伸阅读

任正非曾被问到一个问题:"您对华为人最大的期望和要求是什么?"他说:"华为人要有自我批判精神。"他希望华为人"每日三省吾身",要意识到自己的不足,并不断地加以改进,不断地优化。而作为华为的中高级管理干部,更应该具有自我批判的

精神。他说，员工没有达到工作要求，管理者也有责任；员工犯
了错误，管理者也应该受到批评。他还强调，自我批判不光是个
人进行自我批判，组织也要进行自我批判。通过自我批判，各级
骨干要努力塑造自己，逐步走向职业化，走向国际化。

任正非认为，自我批判要从高级干部开始。高级干部之间的
自我批判和所谓的"高层内部斗争"并不是一个概念，大家的批
评仅限于工作，争论、批评完，大家又握着手工作去了。任正非
要求，华为中高级干部要在自我批判方面做出表率。

能量辐射

TCL 总裁李东生是一个善于自我反省的人。TCL 曾在推行国
际化进程中遭遇挫折，对此，李东生在公司内部论坛上发表了系
列文章。文章通过《鹰之重生》这一故事不仅分析了 TCL 遭受挫
折的原因及存在的情况，还深入探讨了在当前情况下通过什么样
的方式实现"涅槃重生"。

更为可贵的是，在系列文章中，李东生进行了深刻的自我反
思，比如：为什么以变革创新见长的 TCL 却开始裹足不前？为什
么我们引以为豪的企业家精神和变革勇气却没有起到应有的
作用？

面对这些问题，李东生明确指出自己应该承担主要的责任：
没能在推进企业文化变革创新方面做出最正确的判断和决策；没
有勇气去完全揭开内部存在的问题，特别是这些问题与创业的高
管和一些关键岗位主管、小团体的利益相关联的时候，他没有勇

气去捅破它；在明知道一些管理者能力、人品或价值观不能胜任
他所承担的责任的时候，他没有果断进行调整。他还针对公司出
现的一系列问题总结自己的管理失误，进行反思。

李东生的深刻反思使他认识到当时企业存在的重大问题，通
过在企业组织内部进行充分讨论，李东生找到了解决这些问题的
方法，为 TCL 的下一步发展指明了方向，使 TCL 像鹰一样重生。
由此可见，无论是对企业组织，还是对管理者个人，内省都是实
现提升的重要途径。

自省是自我素质、自身能力得到提高的前提，只有坚持通过
自我批判，不断发现自身的不足之处，才能不断完善自己，从而
获得更大的发展。

不称职的根源是没有学好

《基本法》不是为了包装自己而产生的华而不实的东西，而是为了规范和发展内部动力机制，促进核动力、电动力、油动力、煤动力、沼气动力等各种力量沿着共同的目标努力，是使华为可持续发展的一种认同的记录。因此，各部门不必向外宣传《基本法》，革命是不能输出的。只有人家需要了解，我们才可以交流。我们是功利集团，一切都是围着目标转的，没有我们的目标，去交流，是没有实际意义的，这就是搬石头与修教堂的关系。您愿意用业余时间热情地去研究、宣传，它也不能掩盖您工作上的失效。你做不好本职工作，实质上就是没有学好。这就是既要努力学习，又要做实。不去做实，就没有必要学习。我们的目的是实现公司的发展，"知本论"，我们把"论"留给社会学家，把"知本"留给我们，好好研究相互之间的关系，以指导我们解决现实问题。《基本法》不是万能良药，当它去解决问题的时候，碰到的是矛盾的两个方面，对立又统一，这是痛苦的。例如分配，在原则上您拥护，当您是部门一把手时，您

非常痛苦，您怎么去拉开差距。每个部门是否有勇气把
后进员工，以及工作能力不适应在本部门工作的员工交
给人力资源部重新分配。这个一把手不会对《基本法》
有赞美之词，而是感到太合理、太深刻，以致他难有情
面，难以"做人"，他真正学明白了，所以学明白了的人
就不会有一大堆赞美。因此，每个人好好想一想，您明
白了哪一点，就写哪一点，不要堆砌赞美辞藻，以浪费
我们删去您空洞赞美的时间。对立的统一使人痛苦，只
有没有深入其境的人才感到兴奋。

——摘自《华为的红旗到底能打多久》

延伸阅读

华为技术有限公司，一个总部设在中国深圳的国际电信设备
商，2008 年提交了 1737 项 PCT 国际专利申请，超过了第二大国
际专利申请大户松下（日本）的 1729 项，和皇家飞利浦电子有
限公司（荷兰）的 1551 项。

在国内，华为已连续 6 年蝉联中国企业专利申请数量第一，
其所申请的专利绝大部分为发明专利，连续 3 年中国发明专利申
请数量第一。截至 2008 年 12 月底，华为累计申请专利 35773
件。中国没有几个企业能如华为般十数年坚持进行年均数亿甚至
数十亿的研发投入，并坚韧地与规模百倍于自己的跨国企业在竞
争中成长。我国 PCT 申请量位居世界前列的仅有华为和中兴，而
仅华为一家公司的 PCT 申请量就占我国申请总量的一半，其余企

业 2007 年的公布量均不足 30 件，全球排位均在 500 名之外；而美国、日本分别有 19 家和 13 家企业跻身全球 50 强。截至 2008 年 12 月底，华为公司累计申请国内外专利 35773 件。这样辉煌的创新成果，是任正非对于技术创新重要意义的领悟的结果；是不惜巨额亏损、大胆投入的结果；是踏准电信技术的演进道路，倾尽全力的结果；是数以万计的研发队伍夜以继日、默默探索的结果。

胆怯会畏缩不前，缺乏眼光会因循守旧，真的勇士，才敢于披荆斩棘，以无比的勇气和智慧，开拓出属于自己的天空。由于创新，华为才能够与跨国企业在同一平台上竞争，取得发展机遇；由于创新，华为才有效规避了企业发展中的故步自封的风险；由于创新，华为才真正变成了一家被竞争对手认为值得敬重的企业；由于创新，华为才拿到了通往国际的通行证。

能量辐射

任正非一向强调企业的研发要结合市场需要，要有实际应用价值，要实实在在地掌握知识，而不是纸上谈兵，说一些高深的论断，却不能付诸生产。

很多专利权人、科研单位都知道，要促进科技成果转化必须做到：优化政策环境，保障科技成果转化；筑巢孵化，加速科技成果转化；创新机制，实施科技成果转化这三大措施。但是，要真正提高科研成果转化，不能只掌握以上理论知识，还要确实做好以下工作：

首先，促进科技成果转化要加大资金的投入。一是政府应该加大资金对科技转化的投入，特别是严格执行国家相关政策，落实科技三项费；二是要建立风险投资金融机构，并正常运转；三是要进一步加大政策宣传力度，鼓励企业加大科技投入，鼓励科技人员致力于科技成果的转化。

其次，促进科技成果转化要加大人才队伍建设。我们要努力在人才政策上下功夫，做好人才的引进工作、安居工作和创业工作，要形成真正创业、创得成业的良好环境，让科技人才在工作中感到少有所为，老有所得，心情舒畅。

再次，促进科技成果转化还要加大中介机构培育。政府要出台相关政策措施，鼓励、引导和支持中介组织的发展，形成科技成果转化推广的健全体系。

最后，科技成果能否转化为生产力还取决于科研人员是否依据现有市场需要和生产力水平进行研发，与现有市场脱节的研发成果只能成为浪费资源的项目，没有实际的应用价值。

企业的最终目标是生产出能够实现价值的产品，赢得顾客并获取利润。只有能将所学知识应用到实践中来，取得成果的人，才是企业所需要的人才，这样的项目才值得企业大力支持。因此企业管理者和技术人员在进行研发时，切记结合理论与市场实际，做出有意义的成果。

第五章
持续优化：在不断超越中改进创新

在危险中抓住机会，不懈地创新，一次次超越自己，成就华为领先之势。

创新是改造旧东西，而不是创造新东西

后来人比先行者更优秀，在于后来人是踏着先行者探索的足迹前进，更容易成功。"神奇化易是坦途，易化神奇不足提"，数学家华罗庚这一名言告诫我们不要把简单的东西复杂化，而要把复杂的东西简单化。那种刻意为创新而创新，为标新立异而创新，是我们幼稚病的表现。我们公司大力倡导创新，创新的目的是什么呢？创新的目的在于所创新的产品的高技术、高质量、高效率、高效益。从事新产品研发未必就是创新，从事老产品优化未必不能创新，关键在于我们一定要从对科研成果负责转变为对产品负责，要以全心全意对产品负责实现我们全心全意为顾客服务的华为企业宗旨。

盲目地自以为是创新，认为做点新东西就是创新，我不同意这个看法。什么叫作客户满意度？客户的基本需求是什么？客户的想法是什么？未经科学归纳就把客户的想法变成了产品，而对客户的基本需求不予理会，产品自然做不稳定。付出了巨大努力，找到了其中的规律，就是创新。特别是我们研发系统，一个项目经理上台以后，生怕别人分享他的成果，因此就说这个产品的

所有东西都是他这个项目组研究的，像这样的人不能享
受创业与创新奖。华为公司拥有的资源，你至少要利用
到 70％ 以上才算创新。每一个新项目下来，就应当是拼
积木，只有最后那一点点才是不一样的，大多数基础都
是一样的。由于一些人不共享资源地创新，导致我们很
多产品进行了大量的重复劳动，根本就不能按期投产，
而且投产以后不稳定。有些项目研发的时候连一个简单
东西都自己开发，成本很高，这不是创新，而是消耗、浪
费公司的宝贵资源。一个大公司，最能体现降低成本的措
施就是资源共享。人家已经开发的一个东西我照搬过来装
进去就行了，因为没有技术保密问题，也没有专利问题，
装进去就行了，然后再适当做一些优化，这样才是真正的
创新。那种满脑子大创新的人实在是幼稚可笑的，是没
有希望的。我们非常多的高级干部都在说空话，说话都
不落到实处，"上有好者，下必甚焉"，因此产生了更大
一批说大话、空话的干部。现在我们就开始考核这些说
大话、空话的干部，实践这把尺子，一定能让他们扎扎
实实干下去，我相信我们的淘汰机制一定能建立起来。

——摘自《共享资源的创新才是真正的创新》

延伸阅读

任正非认为，企业发展是作为一个整体，所有员工奋斗的共
同目的都是推动企业成长。有着共同奋斗目标，共享研究成果，

避免无谓的时间、资源浪费则成了自然而然的事。

任正非是一个不自私的人。华为的发展如此迅猛，与他的不自私关系极大。正因这种大智慧，华为得以吸引众多优秀人才，得以为他们提供优异的学习与工作条件，并在收入方面大力倾斜于有突出贡献的人员，从而令华为的创新能力有了基本的保证，市场开发有了重要的人才基础。如果曾经有人认为民营企业家有所谓的"原罪"，那么至少在任正非这里，是不存在原罪问题的。他是具有理想色彩的、具有战略高度的企业家。

除了共享发展成果，任正非还很重视员工们对于发展思维的共享。《华为基本法》的推出过程，其实就是任正非将自己的经营理念和价值观传递给华为管理层的过程。正是这种共享精神，共同提高的精神，令华为能够与时俱进，共创辉煌。为了提高管理人员的综合能力与思维视野，任正非曾经请大学教授们向华为总监级以上人员授课。其中从北大哲学系和中国科学院聘请的8位专家教授，他们授课的内容既包括传统的东方文化与哲学思想，如"周易与思维方式""老庄的智慧"等，也包括"新教伦理与资本主义精神""回到轴心时代"等西方哲学思想。任正非希望借此开拓高层的视野，重塑其思维模式，为管理变革的深入打下思想基础。

随着科学研究活动的不断深入，科技的发展出现了明显的综合性特征，表现为同一学科内部分工越来越细，要求单个的科学工作者联合起来，共同完成一项复杂的任务。同时，由于不同学科的交叉，科学需要不同学科科学家的联合，需要不同部门科学家的通力合作。

能量辐射

华为有很多做法是非常有效的，任正非信奉的就是实用主义。国外的好东西统统拿来，进行模仿、学习，在这个基础上创新。这种模式对于他去追赶和超越别人是一种最好的方式。模仿也是学习，对于学习者或企业来说，模仿是避免企业多走路、走弯路的捷径。没有模仿就没有创新，不懂模仿就不懂创新。从某种角度可以说创新就是一定程度的模仿。对于企业来说，模仿相对安全一些，因为模仿是顺着别人成功的路走的，遭遇阻力与失败的风险较小。创新这个词说起来简单，但是实际操作起来却需要付出极大的代价，需要承担巨大的科研经费和有可能失败的危险；模仿则可以让我们的企业站得更稳、走得更快。

很多国内汽车企业都是从模仿别人的车型开始起步的，虽然一路上磕磕碰碰，甚至有不少的官司和知识产权方面的纠纷，但随着销量的增大，我们欣喜地看到这些民族品牌开始逐渐变得强大，而且逐渐加大在汽车产业研究和开发方面的投入，开始有一些自己的专利技术。

我国企业发展慢了别人不只半拍，现在全国都在讲企业转型，但是在创新和发展之间的确存在着一个巨大的断层，这个断层需要模仿来衔接。尤其是在企业资本及技术积累的初级阶段，学习"山寨"精神以模仿起步，发挥草根企业敢想敢做的创新精神，准确把握消费者需求，采取准、快、狠的市场策略迅速突围，站在巨人的肩膀上进行超越，从而进一步走上自主品牌之路，这是从中国制造走向中国创造的一条相对可靠的路。

不断改良，华为的旗帜才能迎风飘扬

华为一定会成为国际性大公司，这一点大家都已有思想准备、组织准备，而管理的方法与管理手段方面还缺乏准备。华为十分重视企业的内部管理与潜力的增长，对企业的发展有十分强大的推动力与牵引力。因此充满扩张的机会，使内部的矛盾在扩张中消化。经历初期的快速扩张，使一代优秀的员工得以成长，成为骨干，为公司稳定下来后的正规管理积累了经验与管理力量。他们经历了艰苦的奋斗，具有了良好的心理素质，使公司避免了沉淀。只要持之以恒地坚持能上能下地按岗位目标责任的标准使用干部，华为的红旗是一定可以持续飘扬下去的。

华为的内部凝聚力是抵御外界风暴的盾牌。只要长期坚持剖析自己、寻找自己的不足与弱点，不断地改良，避免重大决策的独断专行，实行委员会制的高层民主决策，华为的星星之火就一定可以燃烧成熊熊大火。

十年之内，通信产业及网络技术一定会有一场革命，这已为华为的高层领导认识。在这场革命到来的时候，华为抓不住牛的缰绳，也要抓住牛的尾巴，只有这样才能成为国际大公司。这场革命已经"山雨欲来风满楼"了，只有在革命中，才会出现新的机遇。

不能担负起公司的使命，没有使命感和责任感，就不可能作为高中级干部在公司存在下去。思想上要有长期艰苦奋斗的准备，也包括到国外艰苦的工作岗位上去工作的准备。在勇于自我改革、自我设计的基础上，大量引进西方成熟的管理。不要把管理改进的一切工作，都推给顾问去做。我们用《华为基本法》确立了公司宏观管理的构架，我们还会通过一系列的子法，对其进行描述，然后引进先进的管理方法和管理手段，使管理目标能真正实现。如果用三到五年时间，我们的管理实实在在进步了，我们就是往管理构架里放了很多砖，有希望建成一座大厦。

我希望大家不要做昙花一现的英雄。华为公司确实取得了一些成就，但当我们想躲在这个成就上睡一觉时，英雄之花就凋谢了，凋谢的花能否再开，那是很成问题的。在信息产业中，一旦落后，就很难追上了。

我们公司的现实是在努力改进自己的管理，因此我们能发展成为大公司，而不是垮掉。华为公司会否垮掉，完全取决于自己，取决于我们的管理是否进步。

——摘自《不做昙花一现的英雄》

延伸阅读

　　当任正非在 1994 年提出振聋发聩的十年狂想"10 年之后，世界通信行业三分天下，华为将占一分"时，没有人相信竟然会有真正实现的那一天。当年华为的产值在 100 亿元左右，员工人数在 8000 人左右。虽然企业规模已经不小，但距离世界领先企业的规模还很远，据说当时大家都友好地笑了起来。而这一天虽然姗姗来迟，但总算在以任正非为领导的华为人执着的努力下，终成现实。小小的华为公司竟提出这样狂妄的口号，也许大家会觉得可笑，但正因为有这种目标做导向，华为才有了今天的成就。事实上，自成立以来，华为与国际行业巨头间的距离正在逐渐缩小。这一年华为的研发经费是 88 亿元，相当于 IBM 的 1/60；这一年，华为的产值是 IBM 的 1/65；华为的研发经费是朗讯的 35%，产值是它的 4%。差距虽然很大，但每年都在缩小。在任正非看来，若不树立企业发展的目标并以此为导向，就无法使客户建立起对华为的信赖，也无法使员工树立远大的奋斗目标和发扬脚踏实地的精神。

　　据中华英才网的总裁张建国回忆，1990 年，仍处于草创阶段的华为仅仅 20 多人，但"任老板很能激发年轻人的激情，经常给我们讲故事，讲未来"，用理想与未来引领年轻人的热忱与投入。回眸华为发展的多年来所经历的风风雨雨，我们很难想象，如果没有任正非对伟大理想与抱负的坚守，华为究竟会发展得怎样。让我们重温任正非的铿锵语言吧！"在这样的时代，一个企业需要有全球性的战略眼光才能发愤图强，一个民族需要汲取全球性的精髓才能繁荣昌盛，一个公司需要建立全球性的商业生态系统才能生生不息，一个员工需要具备四海为家的胸怀和本领才能收获出类拔萃的职业生涯。"当任正非说出这句话时，许多将要奔赴海外战场的勇士们激动得热泪盈眶，激情满怀。而理想的实现，是用愈挫愈勇的斗志、用屡败屡战的精神来完成的。正所谓艰难困苦，玉汝于成。海外战场，华为人用了整整六年时间，才总算有所突破，并最终超过国内市场销售额。

能量辐射

用愿景来指导工作，是一门深邃的管理艺术，同时也是企业不断发展的一种战略方法。成功的企业愿景就好比预言，具有唤起员工行动的力量。一般来讲，愿景的言语应该是平实的、易懂的，但又必须具有无法抗拒的力量，让每一位员工在做出重要决定和行动时都会自问："这符合我们的愿景吗？"与此同时，成功的企业愿景必须致力于满足客户的深层次需要，从生存需要、信息需要直到发展需要和情感需要。同时，也必须根植于企业全体员工发自内心的共同愿望。我们可以看一下一些著名的跨国公司的美好愿景：

迪斯尼乐园——给人们带来快乐；

美国房屋抵押协会——使住房民主化；

沃尔玛公司——给普通人提供和富人一样的购物机会；

波音公司——成为全球最大的商用飞机制造商，并把世界带到喷气式飞机的时代；

花旗银行——成为世界上服务最好和最大的世界性金融机构。

企业对于未来的展望和美好愿景的憧憬往往代表着企业努力追求和争取的目标，远大目标并不是一成不变的，它往往会随着企业经营环境的改变而改变；愿景却可以在一个相当长的时期内保持不变，从而有效地指引人们前行的方向。在日常工作中，面对突如其来的变化，人们本能的反应是畏惧或者逃避，而清晰的企业愿景可以消除团队成员的畏惧和逃避心理，引领团队前行的方向并将企业的未来提升到一个战略高度上来。

等待机会就会落后，创造机会才能领先

我们这个时代是知识经济时代，它的核心就是人类创造财富的方式和致富的方式发生了根本的改变。随着时代的进步，特别是由于信息网络给人带来的观念上的变化，使人的创造力得到极大的解放，在这种情况下，创造财富的方式主要是由知识、由管理产生的，也就是说人的因素是第一位的。

机会、人才、技术和产品是公司成长的主要牵引力，这四种力量之间存在着相互作用。机会牵引人才，人才牵引技术，技术牵引产品，产品牵引更多更大的机会。员工在企业成长圈中处于重要的主动位置。

落后者的名言是抓住机会，而发达国家是创造机会，引导消费。机会是由人实现的，人实现机会必须有个工具，这就是技术。技术创造出产品就打开了市场，这又重新创造了机会，这是一个螺旋上升的循环。这四个因素中，最重要的还是人。国家和国家的竞争，实质是大企业之间的竞争。经济的竞争体现的是技术的竞争，技术优势的产生是由教育基础构成的。中国"地大物薄"，

只有靠科教兴国，从人的头脑中挖掘资源。农村的养猪
能手、种田能手很可能是爱因斯坦胚子，只是没有受到
系统的教育。要重视对人的研究，让他在集体奋斗的大
环境中，去充分释放潜能，更有力、有序地推动公司
前进。

——摘自《任正非：向中国电信调研团的汇报》

延伸阅读

华为创建初期，任正非是狼性思维的忠实贯彻者，这一点在
他对于机遇的态度上体现得尤其明显。狼知道，要想获得食物，
必须要经过艰苦的狩猎，因为猎物不会自己主动跑到身边来。例
如，几只狼在搜寻目标时，遇到一群麝牛。面对这样的猎物，狼
会先将牛群赶向山坡一侧的高地，形成包围圈后，再把牛群一冲
而散，破坏它们的凝聚力。众牛四处奔逃，很多弱小的个体就会
倒在锋利的狼牙之下。对于机会，狼从来都是主动寻找，大胆
创造。

华为的创业起步阶段，毫无名气，在与大企业的竞争中一
直处于不利的境地，很多时候客户听到陌生的"华为"的名字
会直接调头走人。然而在这样的情况下，任正非带着他的队伍，
以顽强的毅力和出色的战略视角，不断提高自身各方面的能力，
为自己的产品研发、争取客户群、学习先进管理模式等创造机
会，一点点地打开市场、推进科研、完善管理。在取得如今的
成就的今天，任正非和他的华为团队可以自豪地说，华为走到

今天的每一个机遇，都是华为人努力创造出来的，而不是凭运气得来的。

能量辐射

机会不是等来的，优秀的人才懂得为自己创造机会。

彼克出生于波兰，自小在贫民窟长大，生活极为穷困。他只读过六年书就辍学了，很小就开始做杂工、当报童。这样一个穷孩子似乎没有任何成功的希望，机遇与幸运对他来说实在太遥远。然而，13 岁那年，他偶然间读到《全美名人传记大成》，随后突发奇想要和那些名人取得联系。他采取最简单的方法：写信。在每一封信中，他都提出一两个能激起收信人兴趣的问题。他的方法非常有效，很多名人都回信给他。

此外，只要他知道有名人来自己所在的城市参加活动，他无论如何都要进入那个场合，与所仰慕的名人见上一面。见到名人时，他通常只简短地说几句话，便礼貌地离开，不多打扰。就这样，他认识了很多各个领域的名人，其中还包括后来当了美国总统的加菲尔德将军。后来，彼克创办了《家庭妇女》杂志。凭借多年与名人的交往，他邀请他们为杂志撰稿，被他邀请的名人也很乐意执笔，杂志因此非常畅销，发行量很大。彼克自己也因此脱离了贫困的生活，并在出版界声名大噪。

彼克是个善于为自己创造机会的人，他用最简单的方式与人交往，并且保持良好的互动，累积彼此的信任，于是才能在适当的时机主动创造并把握成功的机会，成就了人人称羡的事业。

能够创造机会的优秀人才通常具备这样几种素质：

首先具有端正、积极的态度。一个对自己负责的人才会有主动创造机会的意识和信念，一个积极的人才能不畏失败、不指望轻易成功，任何时候都不失去"采取行动"的精神。

其次，想要为自己创造出机会，要具备十分的自知之明。他们了解自己的价值观和专业技能，了解自己的强项和弱点所在。这样才能找出适合于自己干的事情，而不是勉强自己去适应工作。

再次，做一行就要精一行，对于知识和技能的掌握不可忽视。要成为专家，要具备主动思考的能力和丰富的创造力，才能够走在别人的前面，创造出别人想不到、做不到的机会。

最后，能力再出众的人，也有被淹没才华的可能，能够为自己创造出机会的人，一定是善于推销自己的人。要将自己的能力和特长充分的展现在他人面前，才能为自己创造更多的机遇。

以上并非优秀人才所具备的全部素质，却是不可缺少的素质。等待机遇垂青的人数不胜数，但真正从这一大军中争取到机会的有几个？别以为争取机会就是主动的极致，真正善于发挥主观能动性的人懂得如何通过自身能力的不断提高为自己创造机会。创造机会并非可望而不可即之事，点滴积累、做个有心人，你也可以为自己创造出机会，取得更高的成就。

没有人是一贯正确的

一入俄国门，才知道卢布的贬值，花了两万卢布租了两辆手推车，将行李推到大门口，出租车进城一般约40万~50万卢布。在七八年前还是0.8卢布换1美元，现在是5000卢布换一美元。经济转轨给人民带来的困难，真是难以想象。使馆来车接我们，虞处长在车上给我们介绍，俄罗斯人民在这么高的通货膨胀的痛苦中，给了政府很好地理解与支持，仍然彬彬有礼、秩序井然。许多科学家、艺术家、许多高级的知识分子，都一下子变成了穷人，但是他们仍然很乐观。如果我国因为改革失败，我们能否对自己的政府充分地理解，给他们一个纠错的时间。谁也不能保证任何一件事的决策都会是成功的。只有相互之间的理解与宽容，才会使我们的政策越来越合理。

有人说华为公司从一个小公司发展到今天的规模，是糊里糊涂、懵里懵懂地就走过来了，我接受这种说法。这种说法至少减轻了我们高层领导的压力，不要把我们压得太厉害了，我们也不是先知先觉的，我们也犯过许多错误，包括泡沫化。但是事实上，我们走过了这10年道路，每一次我们看见、预见的困难，和我们解决的措施都刚好和时代的发展同步了、同拍了，所以我们取得了成功了，才会发展到今天。

研发要广开言路，要从高层着手。错误不算什么，谁能不犯错误，没有人是一贯正确的，有错误的人经过改正以后还是可以提起来的，不要把人看成完人。目标才是重要的，大家不要有那么多自尊心，不要太看重面子。在华为犯错最多的是我，我也是在错误中站起来的。我没有头脑发热过，没有决策失误过？天知道。不过大家是为维护领导人的威信，给点面子罢了，我自己心知肚明。

——摘自《北国之春》

延伸阅读

在入世和国内日益高涨的反垄断的双重压力下，中国在20世纪90年代后期加快了电信改革的步伐。1999年，华为自创业以来首次年增长率没有超过50%，任正非感觉到了"寒意"。正如任正非所提醒的，从全球来看，2000年纳斯达克指数一年下跌56%，第一次互联网泡沫破碎。思科、爱立信、摩托罗拉等电信设备巨头，纷纷告别了持续增长的状态。而包括朗讯和北电在内的巨头，都陷入亏损泥沼。在那年冬天，朗讯裁了将近一半以上的员工，北电裁了三分之二的员工。

以 2000 年 4 月纳斯达克股灾为导火索的全球电信产业的下滑波及了中国市场，在这一年，华为第一次增长停滞。与此同时，由于策略失准而错失小灵通和 CDMA 这两块"冬天"里最大的"奶酪"，则是华为没有延续增长神话的主要内部原因。

能量辐射

任何人都不可能是全才，领导干部也不可能什么都懂、什么都会，但如果没有自己的专攻、特长，仅仅靠什么都是略知皮毛的"样样通""万金油"，是难以立住脚的。生命之舟只有载满知识，才不会左右摇晃、翻沉搁浅。而学识也有阶段性、时效性，需要及时补充、更新，因此，要强化终生学习意识，既要知识化，又要专业化，做学习型干部。对所从事的工作钻进去，研究透；对所管理的领域，力争干得比一般人出色，做个"行家里手"，自然会"服众"。

爱华公司的董事长兼总经理小林村子是位杰出的电器方面的专家，公司在他的领导下日益发展成为日本首屈一指的国际大公司。有一次，在召开董事会时，小林村子进行自我检讨，他说："所有处于高层领导的人，不论性别、年龄，都有一个致命的错误，那就是在错误面前不敢站出来勇敢面对，而是遮遮掩掩，生怕所犯的错误给他的身份抹黑。其实谁不曾犯过错误呢？重要的不是已犯下的错误，而是对错误的正确面对，以及深刻的反思，以获得更多的经验教训，避免以后再出现类似的错误。勇敢地面对错误、承认错误并及时加以改正，这才是作为一个领导人稳重、成熟、坚强、公平的表现。"

小林村子的这段话，充分说明作为一名高层领导，应该时刻进行自我反省，及时发现自己的过错并毫不掩饰地勇敢承认，并设法努力改正。领导者，应该坚持绩效精神，敢于面向结果，这是卓有成效的管理者的基本素质。领导者，应该时刻提醒自己，明确自己的责任，并为自己的过失承担责任。责任代表着一个人的品质和态度，领导者敢于承认自己的过失，既是对自身的反省，也是对员工提高责任意识的暗示。

成为成功领导者的关键在于替下属承担相应的责任，这是领导者能成为领导者的重要前提。作为领导者，你当然要授权你的下属去做那些具体的事情，怎样去做是完全由他们自己决定的，但最后负责的只能是你，不管你的下属工作得好还是坏，这全由你承担，这就是作为一个领导者的义务和责任。领导者既然负全部的责任，领导者犯错就应该及时解决和纠正，勇敢承认错误，有错能及时改正，这才是明智之举。

除非非改不可，否则不要改革

　　对一个正常的公司来说，频繁地变革，内外秩序就很难安定地保障和延续。

　　变革，究竟变什么？这是严肃的问题，各级部门切忌草率。一个有效的流程应长期稳定运行，不因有一点问题就常去改动它，改动的成本会抵消改进的效益。对于已经证明是稳定的流程，尽管发现它的效率不是很高，除非我们整体设计或大流程设计时发现缺陷，而且这个缺陷非改不可，其他时候就不要改了。今年所有的改革必须经过严格的审批、证实，不能随意创新和改革，这样创新和改革的成本太高。要保证 IT 能实施，一定要有一个稳定的组织结构，稳定的流程，盲目创新只会破坏这种效率。我们不要把创新炒得太热，我们希望不要随便创新，要保持稳定的流程，要处理好管理创新与稳定流程的关系。尽管我们要管理创新、制度创新，但对一个正常的公司来说，频繁地变革，内外秩序就很难安定地保障和延续。不变革又不能提升我们的整体核心竞争力与岗位工作效率。

　　　　　　　　　　　　　　——摘自《华为的冬天》

延伸阅读

任正非认为，所有的员工都不能站在自己的角度立场想问题，而是应该立足于公司大局，从集体利益的角度出发做事。因为没有宽广的胸怀，就不可能正确对待变革；如果不能正确对待变革，抵制变革，公司就会死亡。在这个过程中，华为一方面要求员工努力提升自己，一方面要求员工团结在一起，提高组织效率，并把自己的好干部送到别的部门去，使自己的部下有提升的机会。通过这种方式，华为亦减少了编制，避免了裁员、压缩。任正非表示，在改革过程中，很多变革总会触动某些员工的一些利益激发些矛盾，希望大家不要发牢骚、说怪话，特别是干部要自律，不要传播小道消息。每一个人都要站在严格要求自己的角度说话，甚至也要把自己的家属管好。一个传播小道消息、不能自律的人，是不能当干部的，因为部下的许多事上司都知道，上司有传播习惯，同样会触及部下的利益。因此，华为所有的员工都要自律、禁止小道消息的传播，并帮助公司防止这些人成为干部。

能量辐射

实达公司是 20 世纪 90 年代国内 IT 界的著名企业。1998 年 7 月，一次偶然的机会，时任实达总裁的叶龙认识了麦肯锡咨询公司的专家，双方交谈甚欢。经过麦肯锡的市场调研，实达高层决定做一个 300 万的咨询项目：建立高绩效的营销体系，对实达以往的管理架构进行全面变革。

麦肯锡提供给实达两个方案：一个是一步到位，一个是渐进式的。实达高层迫切希望改变，最后选择了一步到位的方案。然而实达人一时适应不了这种改革，内部管理一片混乱。新管理体系在推行的过程中给集团经营造成了较大的负面影响，直接导致了1999年上半年经营业绩的滑坡，同时也加重了集团应收账款、物流及库存积压的损失。1999年6月，管理重组变革方案正式宣告失败，总裁叶龙引咎辞职。

实达为什么瞬间崩塌？实达的确非常重视变革，领导层求变的心情非常急切，然而心急吃不了热豆腐，实达失败就失败在急迫上。在变革过程中，领导层忽略了很多前提性问题。第一，引进麦肯锡的方法，未必适合实达实际。对麦肯锡的方法没有进行过检验和测试，就将之推向组织内部。对于究竟会带来多大的震荡，实达也缺少严密的分析。第二，即使麦肯锡的方法没问题，在选择变革战略时也犯了冒进的错误。一步到位的方法，尽管效率高，却存在巨大的风险，企业变革的速度和风险成正比关系，变革前，必须经过充分酝酿。然而，实达仓促行事，变革之前既缺少论证，又没有充分酝酿。第三，过多注意管理层的需要，却忽视了市场的需要和操作的难度。正是因为在变革中忽视了以上三个基本问题，使实达管理陷入混乱，企业稳定的基础被打破，新的制度尚未建立，旧的已经全面坍塌，组织也随之崩溃。

优秀的决策者绝不会把决策建立在没有论证和预测的基础上。变革固然重要，失去稳固基础的变革就是自取灭亡。那些冲动的企业家和管理者，往往过分依赖自己的经验，对形势的判断过于乐观，对变革所带来的反弹和冲击没有足够的认识，这不是成熟的企业家。而卓有成效的企业家，越是渴望变革，越会冷静地克制自己，理性地分析现实。他们会充分考虑各种因素后，在企业内外建立连续性，然后才会举起变革的旗帜，大刀阔斧地前进。

自主的秘密：人无我有，人有我优

我们重视广泛的对等合作和建立战略伙伴关系，以使自己的优势得以提升。和平与发展是国家之间的主旋律，开放与合作是企业之间的大趋势，大家都考虑到未来世界谁都不可能独霸一方，只有加强合作，你中有我，我中有你，才能获得更大的共同利益，所以很多合作伙伴愿意给我们提供一些机会。这种广泛对等的合作，使我们的优势很快得到提升，可以迅速推出很多新的产品，使我们能在很短时间提供和外国公司一样的服务。没有基础技术研究的深度，就没有系统集成的高水准；没有市场和系统集成的牵引，基础技术研究就会偏离正确的方向。我们一定要搞基础研究，不搞基础研究，就不可能创造机会、引导消费。我们的基础研究是与国内大学建立联合实验室来实施的，我们的预研部，只有在基础研究出现转化为商品的机会时，才大规模扑上去。

但只有基础研究是远远不够的。我国引进了很多工业，为什么没有形成自己的产业呢？关键核心技术不在自己手里。掌握核心，开放周边，使企业既能快速成长，又不受制于人。

举个例子，华为将作为世界大传输厂商角逐于世界市场，为什么？传输的芯片是我们自己开发的，使用的是 0.35μ 的技术，而且功能设计比较先进。可以肯定，在 2.5G 以下我们做得比国外的好。例如华为在新一代传输体制 SDH 中展现出强大的活力，2.5G 以下级别交叉能力是全世界最强的，实现了低阶全交叉连接功能，十分适应中国电信网络复杂的需求。在自行设计的芯片中，完成的复杂数字运算功能，大大地提高了光同步传输设备的业务接口在抖动、飘移等方面的指标特性。支撑网中适应高精度定时要求的网同步技术，延伸了 SDH 设备在节点数和距离方面的应用。

只有拥有核心技术知识产权，才能进入世界竞争，我们的 08 机之所以能进入世界市场，是因为我们的核心知识产权没有一点是外国的。

——摘自《华为的红旗到底能打多久》

延伸阅读

"在全球经济低迷的背景下，华为仍坚持加大研发投入，2009 年研发费用达到人民币 133 亿人民币，同比增加 27.4%。"华为研发人员占公司总人数的 46%，并在美国、德国、瑞典、俄罗斯、印度等地设立了 17 个研究所，还与领先运营商成立近 20 个联合创新中心。华为研究所可以说是辐射、支撑到全球各个片区。现在的华为总部仅是一个行政、研究总部的一个根据地、信息枢纽中心了。

能量辐射

知识产权或称智慧财产权是指对所拥有的知识资产的专有权利，一般只在一定时间期内有效。智力创造，如发明、文学和艺术作品、商业中使用的标志、名称、图像以及外观设计，都可被认为是某一组织或个人所拥有的知识产权。

保护知识产权可刺激经济的增长，近年来很多新兴产业（如信息产业等）的发展都是受益于知识产权保护。华为在知识产权方面一直走在国内企业的前面，虽然 2003 年经历过和思科的知识产权风波，但华为在知识产权的保护方面和对其他公司知识产权的尊重方面日臻完善。

西方国家的企业尤其是跨国公司，深谙知识产权游戏规则。而我国企业由于历史原因，知识产权意识普遍淡薄。我们往往义愤填膺于领土、领海被人占领，而对外国企业在我国知识产权领域里的"跑马圈地"，却茫然不知或者知之甚少，更很少会意识到其潜在的危险。一场没有硝烟的战争，正在这个无形的领域里悄然进行。

外国企业在我国积极进行"知识产权布局"。在技术领域，国外公司在我国"专利圈地"。在诸如数码相机、DVD、数字电视、MP3、手机、生物制药、数控机床、汽车、电子计算机等领域，知识产权已基本为他们所掌控。在商标方面，国外品牌纷纷登陆中国，其触角已经伸向各个行业，我国大量企业已沦为他们贴牌生产的代工者，我国原有的知名品牌纷纷被挤出市场和面临被侵吞危险。在版权方面，以微软计算机操作系统为例，他们已基本实现知识产权的垄断控制，"微软黑屏事件"带给我们的震撼，至今回荡于胸。

然而，我国绝大多数企业还没有意识到这一点，没有形成自己的知识产权优势。据国家知识产权局的一项大型调查显示，我国 98.6% 的企业没有申请过专利。在商标方面，我国的一些知名商标在海外被抢注，"被抢注清单"令人触目惊心。只有坚定不移地实施知识产权战略，我国的企业才能在参与世界市场竞争中，拥有自己的市场控制权和话语权，企业才能做大、做强、做持久。

第六章
思维转变：
在奔跑中博弈，在变革中发展

决策处事，思维先行。思维必须留在上甘岭，但人必须回来，否则就是犯傻。

华为的标准就是让客户满意

　　我们必须以客户的价值观为导向，以客户满意度为标准，公司的一切行为都以客户的满意程度作为评价依据。瞄准业界最佳，以远大的目标规划产品的战略发展，立足现实，孜孜不倦地追求、一点一滴地实现。客户的价值观是通过统计、归纳、分析得出的，并通过与客户交流，最后得出确认结果，成为公司努力的方向。沿着这个方向我们就不会有大的错误，不会栽大的跟头。所以现在公司在产品发展方向和管理目标上，我们是瞄准业界最佳，我们制订的产品和管理规划都要向它们靠拢，而且要跟随它们并超越它们。如在智能网业务和一些新业务、新功能上，我们的交换机已领先于西门子了，但在产品的稳定性、可靠性上我们和西门子还有差距。我们只有瞄准业界最佳才有生存的余地。

　　要坚持对客户的长远的承诺，对优良供应商的真诚合作与尊重。客户的利益就是我们的利益，通过使客户的利益实现，进行客户、企业、供应商在利益链条上的合理分解，各得其所，形成利益共同体。以客户满意度为企业标准，孜孜不倦去努力构建企业的优势，赢得客户的信任。

我们认为，客户的利益就是我们的利益。我们从产品设计开始，就考虑到将来产品的演进。别的公司追求产品的性能价格比，我们追求产品的终生效能费用比。为了达到这个目标，我们宁可在产品研制阶段多增加一些投入。只有帮助客户实现他的利益，在利益链条上才有我们的位置。

——摘自《华为的红旗到底能打多久》

延伸阅读

任正非曾经教导华为人，从企业活下去的根本来看，企业需要有利润，但利润只能从客户那里来。既然决定华为生死存亡的是客户，为华为提供生存价值的是客户，华为就必须为客户服务。所以需要聚焦客户的需求，提供有竞争力的通信解决方案及服务。

如今，在一个充满竞争的市场环境下，客户对产品的要求越来越挑剔。客户不仅希望产品的价格低，而且对产品的质量也有严格的要求，即希望产品"物美价廉"。相对价格差异不大的产品来说，质量的高低左右着客户的选择。优质的产品是品牌建立的先决条件，例如，在体育用品市场上，耐克、阿迪达斯等国际品牌在中国市场上的市场占有率远远高出国内体育用品品牌，这些品牌之所以能在客户中拥有良好的口碑，很大程度上是因为它们质量过硬。华为在创立初期，由于技术不太过关、生产过程大意等原因，导致一些产品的质量不是非常稳定，经常要派技术人员前去"救火"，这样，既造成用户的抱怨，导致对华为品牌的负面评价，又浪费了大量人力、物力。因此，任正非非常重视产品质量的稳定性，把产品的质量看作是公司的生命。

能量辐射

企业想要彻底地了解顾客的需求，是一件很困难的事情，所以很多优秀的企业都非常看重市场调查。

增强顾客对公司商品的信任度和兴建超级商场，是克罗格杂货与面包公司安然渡过大萧条和反连锁店运动的两张王牌。到1935年，公司已拥有50家超级商店。第二次世界大战结束后，约瑟夫·霍尔出任克罗格杂货与面包公司总裁。这位以创新著称的企业家揭开了公司发展史上新的一页。

霍尔将公司更名为克罗格公司，并引进45种公司专卖商标，以加深顾客对公司商品的印象。顾客调查活动是霍尔亲自主持的一项重大改革措施，霍尔认为："对公司发展什么商品、增加哪些服务、使用什么销售手段等问题最有发言权的是顾客。"

为此，他在所有现金出纳机旁安装了顾客"投票箱"。顾客可以把自己对克罗格公司的意见和建议投入箱中，如需要哪种商品、哪种商品应如何改进、需要什么专项服务，等等。每一张"票"上都留下顾客的姓名和联系地址，一旦该顾客的建议被采纳，他就可以终生免费在克罗格公司的商店里享受该种服务或购买该种商品，还可以获得公司赠送的优惠折扣消费卡，在购买任何商品时都享受减价优待。

"投票箱"深受顾客欢迎，提建议者络绎不绝。克罗格公司就根据顾客的建议不断改进，使公司每一项新出台的措施、每一种新上市的商品都获得成功。公司的经营覆盖区域扩大到得克萨斯、明尼苏达和加利福尼亚等州。1952 年，其销售额突破 10 亿美元大关。

赫林把公司设立的顾客"投票箱"称为"科学的市场调查法"，他要求公司的员工要"像满足情人的要求"那样去满足顾客的要求。克罗格公司的企划、广告、革新都是根据顾客的意愿来进行的。例如，克罗格公司率先在易腐烂商品的包装上注明有效期、推出无污染的"绿色食品"、在富强粉食品中增加面粉精加工过程中易损失的营养物质等。

把握市场需要，不断推陈出新，是企业竞争胜利的关键所在。尤其对那些只经营单一产品的企业而言，不断推出满足目标顾客需求、具有吸引力的新产品，才能够使企业在同行业中总处于领先地位。克罗格公司之所以能够赢得顾客的长久信赖，获得持续成功，关键就在于与顾客的零距离接触。只有接触顾客，才能更好地满足顾客的需求，这就是克罗格公司的成功所在。

卖出去的技术才有价值

什么是创新？一个是面对全人类来说的，一个是具体面对我们公司来说的。如果人类给你发奖金，你就面对人类去做吧。因为待遇是我们公司给你发的，所以你要面对公司的核心竞争力进行提升，才能给你评价！有人可能不太接受我的观点，说我在做着完全的创造发明，和凡·高的画是一样的，也可能死了多少年之后，一张纸可以卖到2000多万美金，如果你留下遗嘱的话，我们会忠实地将这笔钱转给你的受益人。但我们毕竟是企业，凡·高当时不被社会所接受是受历史的局限和传播产生的影响。而在现实社会中，被埋没的很少，因为我们处在一个信息社会，传播速度很快，你只要有真实想法，人们一定会认识你。所以对创新，具体到我们公司，现阶段就是这样定义的。华为长期还会处于技术实用性研发阶段，大家说我们做了波分复用系统，但我们对光器件有多少了解？和贝尔实验室差了十万八千里，在未来的10年内，我们对光器件和光原理的研究还赶不上贝尔实验室，只有超过它，才叫作对人类的创新。当前，我们的创新是有局限性的，就是提高华为的核心竞争力。
有些人很不理解，我做出的东西，明明是最新的爆出冷
门的东西，他做出来的大众化的东西，却给他要评出一
个创新奖。技术人员不要对技术宗教般崇拜，要做工程
商人。你的技术是用来卖钱的，卖出去的技术才有价值。

技术创新到今天，很多人都已经伤痕累累了，为什
么？由于互联网及芯片的巨大进步，促进了人们思维的
进步，使人大脑的等效当量成千倍地增长。美国只有两
亿人口，但是美国却相当于有4000亿个大脑。这些大脑
一起运作，产生新的技术、新的知识和新的文化，它会
大大超越人类真实需求。因为人类的需求是随生理和心
理进步而进步的，人的生理和心理进步是缓慢的。因此
过去一味像崇拜宗教一样崇拜技术，导致了很多公司全
面破产。技术在哪一个阶段是最有效、最有作用呢？我
们就是要去看清客户的需求，客户需要什么我们就做什
么。卖得出去的东西，或略略抢先一点点市场的产品，
才是客户的真正技术需求。超前太多的技术，当然也是
人类的瑰宝，但必须牺牲自己来完成。IT泡沫破灭的浪
潮使世界损失了20万亿美元的财富。从统计分析可以得
出，几乎100%的公司并不是技术不先进而死掉的，而是
技术先进到别人还没有对它完全认识与认可，以致没有
人来买，产品卖不出去却消耗了大量的人力、物力、财
力，丧失了竞争力。许多领导世界潮流的技术，虽然是
万米赛跑的领跑者，却不一定是赢家，反而为"清洗盐

碱地"和推广新技术而付出大量的成本。但是企业没有
先进技术也不行，华为的观点是，在产品技术创新上，
华为要保持技术领先，但只能是领先竞争对手半步，领
先三步就会成为"先烈"，明确将技术导向战略转为客户
需求导向战略。

——摘自《任正非：华为公司的核心价值观》

延伸阅读

在技术创新方面，华为也曾经吃过大亏。曾经由于华为研发
人员片面追求技术进步，导致技术研发严重脱离市场。结果设计
生产出来的产品有的需要花大力气维修，而维修成本远高于重新
生产的成本；有的由于买不到合适的配件，无法制成成品，导致
很多板材变成了一文不值的废品。

在这种情况下，任正非发表讲话端正了企业研发人员的创新
态度，并召开了一场由全体员工参加的"反幼稚"运动大会。在
会上他再三强调，企业的创新必须始终以市场为导向。在技术
上，盲目创新和过度创新都是不可取的。技术并非越先进越好，
其先进性必须以市场为导向，以消费者为目标。否则，会导致产
品的技术"过剩"，在市场上未必会获得最佳的经济效益。在会
议结束前，任正非将所有作废的板材作为奖金全部发放给了那些
导致失误的研发人员，要求他们摆在自家的客厅里，时刻提醒自
己：因为研发、设计的幼稚，导致公司遭受了多么大的损失。

在此基础上，华为曾制定一条硬性规定：为了避免研发人员

只追求技术先进而缺乏对市场的敏感，每年研发部门必须安排5%的研发人员转做市场。同时有一定比例的市场人员转做研发。久而久之，华为逐渐形成了一种以市场需求为导向的实用文化。事实上，华为大多数获得市场成功的产品，并不是凭借技术的先进性，而是依靠其受市场欢迎的实用性。

华为曾经遇到过这样的事情——有某些厂家的设备，由于在设计中没有充分考虑可扩充性，导致该设备成为"孤岛"，无法与后来的设备融合，无法更新，这样的设备，除了报废，没有别的办法，这显然造成了大量浪费。

在华为公司内部也一样，由于很多技术的研发平台都是一样的，如果各项技术的研发过程没有充分沟通，没有做到资源共享，就很容易造成资源浪费。因此，任正非要求华为尽快建立起功能强大的资料共享平台，及时保存各种研发资料，更新各种信息。在技术研发中，要充分考虑到该技术的可延续性，以及可扩充性，以免成为没有发展潜力的技术。

"技术市场化，市场技术化"是指技术的创新要适应市场的变化。随着时间的推移，技术更新越来越快，对技术公司来说，贴近市场进行研发是必需的，但问题是技术进步得如此之快，以致市场化的步伐远远落在后面。如果一个技术不能转化成产品，也就只能由研发人员自娱自乐了；而且即使转化成产品，也未必会被广泛采用，因为更新产品是需要很高的成本的，因此西方国家普遍还是使用不那么先进的设备。

能量辐射

2000年，在美国纳斯达克股市上市的高科技企业铱星公司宣布破产就是因为技术先进而市场尚未成熟，导致成本过高、市场竞争力下降。铱星系统使用的是20世纪90年代初期发展起来的新技术，为此铱星公司还获得了1998年《大众科学》杂志年度100项最佳科技成果奖中的电子技术奖。但相对于当时普遍流行的移动电话技术，该系统在技术上存在着手机过重、信号不稳定等问题。而为了开发维护这一技术，铱星公司投入了50多亿美元，花费了每月4000万美元的财务费用。高成本的技术导致铱星手机定价高昂，得不到用户的支持，铱星公司空有超前的技术，却吸引不到消费者，最终只能面对破产的结局。

在企业实际的经营发展中，最好的技术、最好的研发固然是其核心竞争力的表现，但缺乏市场营销的产品很难转化为市场需求，产品投放市场后如果得不到消费者的认同，造成滞销的情况，导致巨额的研发和生产资金难以收回，势必会在很大程度上使企业遭受损失，甚至影响企业的品牌形象以及长远发展。因此建议企业在进行技术创新研发的同时，注意以下事项：

首先，切忌盲目追求技术领先。

即使在新产品开发至关重要的高科技行业，技术领先策略也未必是取得商业成功的唯一要素。相反，企业应该考虑的是如何最经济地确定、获取并整合某项技术，缩短产品开发周期、降低成本以及提高可靠性和安全性。

其次，在成熟领域投入太大精力进行开发没有太大意义。

一些企业经常会花费时间和精力用于维持过去曾经为本企业带来竞争力的基础性旧技术。事实上，竞争对手们大多已经拥有了这些技术，或者可以很容易从市场上获得该技术，这样，保持该项技术的领先地位实际上已经没有意义。

再者，企业应按"因厂制宜，扬长避短"的原则选择合适的技术和设备。

我国自20世纪80年代以来的一些技术改造和引进设备的现象表明，我国有相当数量的企业在一定程度上存在着赶超情结，即只要资源条件允许，便倾向于采用最先进的技术和设备，意在"缩短同国际先进水平的差距"。但事实上，这样取得成功的企业并不多。企业想要成功，就要结合自身情况吸收引进的设备和技术。

很多企业会存在这样的认识误区：技术、设备越先进越好，生产出来的东西越领先越好，却不知这种误解很可能会使企业陷入泥沼无法自拔。创新要以市场需求为依托，技术和设备要为生产现状服务，脚踏实地才是企业创新最稳妥的选择。

有责任心的人才能握权

我们让最有责任心的人担任最重要职务。我们公司确立的是对事负责的流程责任制，我们把权力下放给最明白、最有责任心的人，让他们对流程进行例行管理。高层实行委员会制，把例外管理的权力下放给委员会；并不断地把例外管理，转变为例行管理。流程中设立若干监控点，由上级部门不断执行监察控制，这样公司才能做到无为而治。

一个部门领导没有犯过什么错误，但人均效益没有增长，他应下台了。另一个部门的领导犯过一些错误，当然不是品德错误，而是大胆工作，大胆承担责任，缺经验而产生的错误，而人均效益增长，他应受到重视。若他犯的错误，是集体讨论过的，错了以后又及时改正了，他应受到提拔。各级干部部门，要防止明哲保身的干部被晋升。在一个系统中，人均效益的指标连续不增长，那么主要部门领导与干部部门的人，应全部集体辞职。因为，人是他们选的。

区别一个干部是不是好干部，是不是忠臣，标准有四个：第一，你有没有敬业精神，对工作是否认真，改进了，还能再改进吗？这就是你的工作敬业精神。第二，你有没有献身精神，不要斤斤计较，我们的价值评价体系不可能做到绝对公平。我认为献身精神是考核干部的一个很重要因素，一个干部如果过于斤斤计较，这个干部绝对做不好，你手下有很多兵，如果你自私、斤斤计较，你的手下能和你合作很好吗？没有献身精神的人不要做干部，做干部的一定要有献身精神。第三点和第四点，就是要有责任心和使命感。我们的员工是不是都有责任心和使命感？如果没有责任心和使命感，为什么还想要当干部？

——摘自《华为的红旗到底还能打多久》

延伸阅读

在一个企业中，每一个人都扮演着不同的角色，每一种角色又都承担着不同的责任，然而，想要成为企业的领导者，势必要肩负更高的责任。领导者必须清醒地意识到自己的责任，并勇敢地扛起它，才能对自己和企业问心无愧。

作为华为的最高领导之一，任正非就是一个十分有责任感的人。虽然任正非身体一直不好，但为了华为的生存和发展，他一直身体力行。从 1992 年开始，任正非就多次出访各国，探寻国外成功企业的经验，他多次在寒冷的冬季出访俄罗斯，远赴德国、美国，一边要承受由于时差、环境气候等带来的不适，一边还要竭力融入当地的文化大背景中去分析和理解当地企业的经营管理。为了公司的发展，也为了便于和国外企业家沟通，任正非在五十多岁时开始学习英语。当华为员工经过他的办公室时会感到一种来自心底的崇敬，当然还有油然而生的紧迫感，由此，他们想："我还有什么理由不努力好好学习、好好工作？"

能量辐射

管理学家德鲁克认为，领导者要具备两种要素：出色的能力和强烈的道德责任感。有能力的人很多，但能够成长为优秀管理者的人屈指可数。缺乏优秀的品格和个性魅力，领导者的能力即便再出色，也无法成为成功的管理者。领袖魅力源自工作能力和为人品格。

领导者素质，是指在先天禀赋的生理和心理基础上，经过后天的学习和实践锻炼而形成的，在领导工作中经常起作用的那些基础条件和内在要素的总和。对于一个企业来说，好的领导者就是其支柱，所以，人员素质竞争中关键是领导者素质，是领导者的素质。

正如任正非所言，一名员工能否成为领导，要看他有没有愿意为企业奉献的精神和对企业负责任的信念。不负责任的人，即使知道一份工作来之不易，也还是用一种敷衍的态度去工作，马虎执行，不求品质。造成这种状况的原因在于，他们都没懂得一个道理：责任，不单是为了老板，更为了个人的成功，缺乏对工作负责的精神，永远没有能够执掌大任、自己成为领导的一天。

一个公司有三个大分厂，一分厂历来管理基础较好，但规模较其他两个分厂小一些。一分厂的厂长姓林，正是在他的一手经营下，一分厂才有了良好的业绩。

后来，董事长决定调林厂长到三分厂当厂长。

三分厂是公司规模最大、设备最先进、管理却最混乱的一个分厂。之前已经有好几个厂长去那里，都无功而返。因此，得知调动消息时，林厂长很矛盾：不去吧，董事长可能不高兴；去吧，一旦搞砸了，想再回一分厂都不行了。而且，由于多年管理一分厂，一切工作运作程序早就规范化了，管理起来很轻松。

思量再三，林厂长还是答应调往三分厂。半年多的时间过去了，林厂长身先士卒，全心投入三分厂的工作中，原来最混乱、生产能力最低的三分厂，一跃成为整个公司的生产管理标杆区，各项指标均占据首位。

董事长决定把三分长的经营管理权下放给林厂长，并给他年薪80万元。林厂长原来的工资，每月只有5000元！

企业领导者素质是一个主观修养适应客观需要的问题，是一个动态性的问题。企业所处的时代不同，面临的任务不同，对领导者的素质要求也不同。领导者的素质对企业的经济效益有很大影响，领导者的素质好、水平高，可以提高领导者的影响力和号召力，把领导工作搞得更好，可以适应万变的市场，充分施展自己的聪明才智，带领职工更好地搞好企业。但能否实现这一切的前提，要看领导者有没有为企业奉献的精神。责任胜于能力，一个人如果没有对企业和对员工负责的态度，即使再有能力也无法胜任领导者的工作。

不当将军的英雄不是好干部

华为曾经是一个"英雄"创造历史的小公司，它正逐渐演变为一个职业化管理的具有一定规模的公司。淡化英雄色彩，特别是淡化领导人、创业者的色彩，是实现职业化的必然之路。只有职业化、流程化才能提高一个大公司的运作效率，降低管理内耗。第二次创业的一大特点就是职业化管理，职业化管理就使英雄难以在高层生成。公司将在两三年后，初步实现 IT 管理，端对端的流程化管理，每个职业管理者都在一段流程上规范化地运作。就如一列火车从广州开到北京，有数百人搬了道岔，有数十个司机接力，不能说最后一个驾车到了北京的司机就是英雄。即使需要一个人去接受鲜花，他也仅是一个代表，并不是真正的英雄。我们需要组织创新，组织创新的最大特点在于它不是一个个人英雄行为，而是要经过组织试验、评议、审查之后的规范化创新。任何一个希望自己在流程中贡献最大、青史留名的人，一定会成为流程的阻力。然而基层干部不能无为而治，不当英雄也就无法通向中高级管理者。对基层干部我们的原则是呕心沥血、身体力行、事必躬亲、坚决执行、严

格管理、有效监控、诚信服从；与高级干部标准反过来，
形成一个对立统一的体系。

——摘自《任正非：一个职业管理者的责任和使命》

延伸阅读

毫无疑问，在华为员工的心目中，特别是在那些在华为工作
时间长达十几年的员工心中，总裁任正非就是华为的灵魂和英
雄，"没有任正非，华为的前瞻战略肯定会大打折扣"。

但任正非不这么想，"华为不需要英雄。"任正非经常讲，
"一个没有英雄的公司是一个最好的公司。过去是靠英雄打下这
份基业，现在是靠流程、靠平台，不再是靠一个能人。"

正如任正非所说："淡化英雄色彩，特别是淡化领导人、创业
者的色彩，是实现职业化的必然之路。"事实上，华为从一个
"英雄创造历史"的小公司，正逐渐演变为一个职业化管理公司。

任正非从来不否认与华为一起打拼了几十年、见证的华为点
滴成长的老员工们是华为的英雄。但与此同时，他还强调，没有
任何员工可以凭借着过去的贡献而自居为华为的英雄，影响甚至
阻碍华为的进一步发展。华为需要每一名员工都有着成为英雄的
信念和像英雄学习的精神，但这并不代表英雄个人主义可以在华
为扎根。华为想要在国际市场中稳稳地占有一席之地，就必须不
断淡化英雄主义色彩，一切让制度和管理说话。

能量辐射

"以前我们还有家传秘方，比如说爷爷打菜刀打得很好，方圆五十里都知道我们家菜刀好，然后孙子继承了爷爷的手艺。在方圆五十里我还是优秀的铁匠，就能娶到了一朵金花。那现在铁匠还行吗？现在经济全球化了。人家用碳纤维做的刀，削铁如泥，比钢刀还好得多。你在方圆几公里几十公里曾经流传几十年几百年的祖传，被经济全球化在几秒钟内打得粉碎。"

诚如任正非所说，爷爷有着祖传的秘方，是那个年代的打铁英雄，但是现在的我们不能一味地崇拜那个年代的英雄，要不断开拓视野，用更先进更完备的知识和技能装备自己，才能生存下去。淡化英雄色彩，实现职业化管理，是每一家企业的必由之路。

在国际上，职业化水平比较高的主要是美国、欧洲等一些经济发达的国家和地区。目前，我国的职业化状况不容乐观，管理类职业化刚刚开始，这个问题不是出在员工身上，而是出在企业没有一个职业化的体系作为保障。外企的员工职业化程度高，主要是因为他们的管理机制、管理体系比较健全。从现在的情况看，中国的职业化道路至少还要3年到5年的时间。

国内企业的组织架构、流程制度、运营管理，主要还是学习和模仿西方企业；职业化的发展，模仿的痕迹也同样很重。西方企业强调的职业化素养、职业化行为规范和职业化技能三个方面的职业化核心内容，虽然很多企业都在学，却没有像前者那样起到预期的效果。原因在于这些企业职业化管理没有根植于中国的传统文化，没有从国人所受的文化熏陶角度出发，抓不住内因，自然很难被重视、认同和接受。众所周知，上班可以锻炼身体甚至洗澡的"自由散漫"的美国人创造了微软、GOOGLE 等这样的超级企业；循规蹈矩、沉默寡言、不善变通的德国人拥有奥迪、宝马、奔驰；被上司扇了耳光还得点头哈腰的日本人，也打造出了松下、索尼、丰田等世界级大品牌。换言之，不同的民族个性都可以创造出世界级的品牌。中国有如大庆"三老四严""四个一样"的好理念，善于学习的中国人同样可以搞好企业职业化，打造出世界级的好品牌。

热血只能壮志，静心才能做事

没有合理的成长速度就没有足够的利润来支撑企业的发展。我们的企业生存在信息社会里，由于信息的广泛传播，人们的智力得到更大的开发和更大的解放，能够创造出更多的新产品和新技术来服务于这个世界。由于信息网络的加速庞大，使得所有新产品和新技术的生命周期越来越短。不能紧紧抓住机会窗短短开启的时间，获得规模效益，那么企业的发展会越来越困难。没有全球范围的巨大服务网络，没有推动和支撑这种网络的规模化的管理体系，就不能获得足够利润来支撑它的存在和快速发展。因此失去机会窗的原因对华为来说，主要是服务和管理，这是华为的战略转折点。

没有合理的成长速度，就没有足够的能力给员工提供更多的发展机会，从而吸引更多企业所需的优秀人才。人才的发展是马太效应，当我们企业有很好的经济效益时，就能更多地支撑人才加入，有了更多的优秀人才进入华为；由于我们有较高的管理水平，就会使人才尽快地成长起来，创造更多的财富。以更多的财富支撑更多的人才来加入，使我们的企业管理更加优化，我们的企业就有了持续发展的基础。

IT产业的冬天是如何形成的？实际上是美国的新经济炒得太热而造成的。大家想想当时的情况，那时好像钢铁、汽车，都落后了，只有搞信息才赚钱，触网即"发"，无"网"不胜。所有的上市公司，不管是卖鸡蛋的、还是卖鸭蛋的，只要有一个".com"，几百亿、几千亿就圈进来了。我当时就认为这是极不正常的，道理很简单，也很朴素：人们不能吃信息，穿信息，住信息。粮食不要了，房子不要了，汽车不要了，然后人们就富裕起来了，怎么可能？因此，在新经济理论虚拟财富的推动下，人们非理智的追捧制造了整个世界对网络企业的大泡沫。

信息产业为什么会造成困难？因为消费者对信息需求是有限的，人只有一双眼睛，一天只有短短的24个小时，而信息资源是无限的。需求的有限性和供给的无限性，是信息产业致命的阻碍，只要这个矛盾存在，信息产业的冬天就迟早会到来，冬天是必然的。

大量的无形资产在组合中才能发挥作用，对我们的企业来说，只要我们的结构不散，组织不垮，前面烧掉的钱就会变成所有后来的无形财富，这些都是我们的增值财富。现在，我们正处在一个好的时机，我们要享受以前的投资增值，要团结起来使这个队伍不要散掉。只要我们团结起来，共同奋斗，就没有过不去的坎。很多公司现在热血沸腾，准备做第二个思科。我认为没有那个时代了，一个时代一个模式，过去的时代未必会重演。热血沸腾能做什么事？静下心来踏踏实实做事才有收获。

——摘自《华为的红旗到底能打多久》

延伸阅读

在任正非看来，公司的扩张必须充分考虑公司的供应链系统，包括售后服务、制造体系等。供应链系统是一个整体，任何一个环节出错，都会给企业带来灾难。所以，在任正非看来，在各方面的体系还不够完善的条件下盲目扩张无异于自杀。有计划、不盲目的扩张能够成就一代企业霸主；无节制、一味追求速度的扩张很可能是浩劫的开始。过快的发展速度，会给企业带来很多的不确定性因素，企业就会处在不稳定的局面。

因为发展太快就一定有漏洞，有后遗症，而这个问题并不是靠经营者的能力可以完全解决的。那些迅速崛起又迅速倒闭的企业都是因为这个致命的错误导致失败的。

因盲目扩张而倒闭破产的企业不胜枚举，如德隆集团。德隆是一个拥有 270 亿资产，超过 200 家企业的大集团，它参与了十几个产业的经营，横跨一、二、三产业，从农产品加工到金融、证券、飞机厂，走上了一条风险极高的扩张之路；再看亚细亚，它的破产同样是因为无度扩张；还有美国著名的安然公司，也是由于盲目扩张而破产。所谓兵马未动，粮草先行，强调的就是各个环节的协调一致。

企业生存和发展的目标可以归结为相互关联又不能等同的三个词，即"做大""做强"和"做久"。但绝大多数的经营者只有做大做强的雄心，却没有做久的胸怀和格局。

从这个角度上看，任何一个企业都需要有长久发展的策略。对国内外的所有百年企业的发展分析表明，这些企业之所以能够超越固有的企业寿命周期，是因为在长达百年的历史中一直处于相对稳定的成长期和成熟期，能够保证企业在上百年的时间中持续生存和发展。

物壮则老，大器晚成。想长久发展的企业经营者们一定要明白这个道理。

能量辐射

2005 年年初，五谷道场在品牌价值上出奇制胜，"拒绝油炸、留住健康""非油炸、更健康"等理念让五谷道场迅速占领了市场。

上市前 3 个月，五谷道场就在各城市选择高档社区、写字楼、学校、车站码头、交通要道进行大规模免费派送。五谷道场开始红遍中国，上市当月即获得 600 万元的销售额。半年后，五谷道场市场全国铺开，每月回款达 3000 万元左右，公司上下无不陶醉在这迅速的胜利之中。五谷道场不断扩大销售队伍，增加产能，加大广告投入，同时在全国 30 多个城市设立办事机构，半年内员工数量一度扩展到 2000 多人。原本仅有几十个人的北京本部，竟然在很短的时间内建立起一支近千人的销售团队。

但这时的五谷道场已经埋下隐患。其财务控制过于粗放，严重透支了企业资源。"我们是中型企业在做大型企业的事情。"掌舵人王中旺也曾对媒体承认，"我们已经投资了 4.7 亿元，仅广告费就支出 1.7 亿元。"真正形成现金流的只有 3 亿元，这使得五谷道场的现金流开始吃紧。2007 年中期，五谷道场在全国各地超市相继出现了断货现象，五谷道场这个品牌逐步退出市场，中旺集团只好吞下失败的苦果。

发展企业，生存和发展同样重要，扩张和稳定需要平衡。经营者的责任就是要巧妙地把握住这两种力量之间的动态平衡，促使企业在扩张的过程中保持稳定，在稳定的基础上进行新的扩张。

质量好的车才能开得快。以德国汽车品牌举例，奔驰为人所称道的高质量不仅体现在发动机系统上，还体现在刹车系统上。驾驶者驾驶奔驰汽车的时候可以很放心地提高速度，因为良好的刹车系统让驾驶者没有翻车的后顾之忧。但当驾驶者开刹车性能一般甚至相对较差的汽车时，一定不会开得和奔驰车一样快，因为一旦车速过快则很难刹车，容易造成危险。所以说，没有把握停下来的人是跑不快的人。

在企业界长期存在着一种企业经营的悖论，认为企业的成功就是要以最快的速度把规模做大做强。因此许多经营者进入了一种思想误区，觉得企业如果不能一直向前进，那就不算成功。最近几年国际国内企业的并购和投资热潮证明了这一点，实际上有许多企业一并就死，一投就伤。

有人曾经将竞争比作老虎，企业在发展的过程中，如果停下来，就会被老虎吃掉，但是若马不停蹄地赶路，则可能会因为精疲力竭而倒下。因此，企业领导人必须平衡好这两者之间的关系，控制好企业前进和发展的速度，既要防止太慢被"老虎"吃掉，又要防止奔跑太快而摔倒。因此经营者必须要保持冷静的头脑，经常审视企业前进的速度，把握好稳定与发展的度。

明哲保身的人一定会丢掉自己的位子

庙小一点，方丈减几个，和尚少一点，机关的改革也应该是这样。总的原则是我们一定要压缩机关，为什么？因为我们建设了 IT。为什么要建设 IT？道路设计时需要博士，炼钢制轨需要硕士，铺路需要本科生，但是道路修好了扳岔道就不要这么高的学历了，否则谁也坐不起火车。因此当我们公司组织体系和流程体系建设起来的时候，就不要这么多的高级别干部了。建立流程的目的就是要提高单位生产效率，如果一层一层地减少一批干部，我们的成本就会下降很快。在本职工作中，我们一定要敢于负责任，使流程速度加快，对明哲保身的人一定要清除。华为给了员工很好的利益，于是有人说千万不要丢了这个位子，千万不要丢掉这个利益。对于凡是要保自己利益的人，都要免除他的职务，他已经是变革的绊脚石。在去年的一年时间里，如果没有改进行为的，甚至一次错误也没犯过，工作也没有改进的，可以就地免除他的职务。他的部门的人均效益没提高，他这个科长就不能当了。他说他也没有犯错啊，没犯错就可以当干部吗？有些人没犯过一次错误，因为他一件事情都没做。而有些人在工作中犯了一些错误，但他管理的部门人均效益提升很大，我认为这种干部就要用。

我们要简化不必要确认的东西，要减少在管理中不必要、不重要的环节，否则公司怎么能高效运行呢？我们一定要在监控有效的条件下，尽力精简机关。秘书有权对例行的管理工作进行处理，经理主要对例外事件，以及判别不清的重要例行事件做出处理，例行越多，经理就越少，成本就越低。一定要减少编制，我们的机关编制是过于庞大的。在同等条件下，机关干部越少越好，当然不能少到一个人也没有。因此我们一定要坚定不移地把一部分机关干部派到直接产生增值的岗位上去。机关的考评应由直接服务部门进行打分，它要与机关的工资、奖金的组织得分挂钩。这也是客户导向，内部客户也是客户。

庞大的机关一定要消肿。在这个变革过程中，会触及许多人的利益，也会碰到许多矛盾，领导干部要起模范作用。要有人敢于承担责任，不敢承担责任的人就不能当干部。

——摘自《华为的冬天》

延伸阅读

中国企业发展过程中，遇到的一大问题就是机构臃肿、效率低下。众多国有企业和部分民营企业在改革前，内部普遍存在机构臃肿、人浮于事、效率低下的问题，减员增效的呼声越来越高。华为也一度面临同样的问题，1998年，经过1997年前后大规模扩招人才，华为员工已经突破8000人，而华为在海外市场上的业绩仍然没有多大的起色。这导致华为人均效益的下降，任正非认为，如果效益无法提高，利润无法获得增长，那么现行的工资将无法维持，减员增效势在必行。

在访问了美国、日本和德国等国家的先进企业之后，他深深感到与世界先进的管理体系相比，华为还有很大的差距，如在绩效管理时最容易犯的错误是只关注绩效结果，不关注绩效改进，在对新员工与老员工进行绩效评定时尤其突出。老员工由于本身任职能力强，产出多，但可能相当长时间没有进步；新员工由于来公司时间短，产出少，但进步大。对这种情况有些主管只比多少，不比进步，打击了员工不断改进的积极性。

华为采取如下方式改进绩效：首先，分析员工的绩效考核结果，找出员工绩效中存在的问题；其次，针对存在的问题，制订合理的绩效改进方案，并确保其能够有效地实施，如个性化的培训等；再次，在下一阶段的绩效辅导过程中，落实已经制订的绩效改进方案，尽可能为员工的绩效改进提供知识、技能等方面的帮助。

华为的市场部机关曾经被任正非盖上了"无能的机关干部"的标签，因为其办事效率低下，且过于依赖他人服务，掌握不了程序化、系统化的工作方法。任正非认为，对事负责和对人负责是两个不同的概念。在华为的发展过程中始终存在一批干部，习

惯于事事向上级请示，也就是任正非所说的"对人负责"。对人
负责的态度造成了华为的机关部门一定程度上人事臃肿，办事效
率低下。对此任正非强调，要建立以流程型和时效型为主导的体
系，即对于已经有规定，或者成为惯例的东西，不必请示，直接
通过。

针对市场部机关，任正非规定"从明天开始，市场部把多余
的干部组成一个数据库小组，所有数据只能向这个小组要，不能
向办事处要，办事处一定要给机关打分，你们不要给他们打那么
好的分，让他们吃一点亏，否则他们不会明白这个道理，就不会
服务于你们，使你们作战有力"。

能量辐射

企业减员增效是指通过持续重组和深化用工制度改革，使员
工总量逐年减少，员工队伍素质逐年提高，员工队伍结构逐步趋
于合理，人工总成本得到有效控制，劳动效率有较大幅度提高。

企业减员增效有两种主要形式，一是精干主体、分离辅助，
即将企业非生产部分和间接辅助部分从企业主体分离出去，面向
社会，创收节支，独立核算，自负盈亏；二是下岗分流、转岗就
业，即按合理用工定额，确定主体职工编制，通过竞争上岗，裁
减富余人员，使多数下岗职工向非工业转移。

任正非所提倡的减员增效，是指尽可能地发挥出每一名员工
的能力，以最少的人力收获最让人满意的结果。对于企业来说，
是否应采取"减员增效"的措施还应根据企业自身的具体情况和

所处的环境来决定，因为减员有时未必能增效，还需要企业承担一定的风险后果。

举例来说，减员后企业可能要面对这些风险：

首先，是关键人才、重要技术、商业秘密的流失风险。

许多企业在裁员时把注意力集中在人工成本上，对员工能为企业创造的价值视而不见，没能像评估机器、房产、专利等财务资产一样评估员工的价值，结果裁员中丧失了一些对企业的发展富有价值的人才。尤其是结构性裁员中，企业的一些部门甚至整个事业部会因业务调整而被砍掉，大量优秀员工往往随之被解雇，他们所掌握的企业生产管理技术、客户关系、商业秘密随之流失。当企业渡过一时的困难，回头需要扩充人员时，却发现那些具有潜力的员工已为他人所用，削弱了本企业的核心竞争力。

其次，是实施操作与内部公平风险。

在裁员目标人员确定、员工总量变化、裁员过程控制、裁员赔偿、裁员方式方法选择实施操作的各个环节和技术上都存在一定风险。如果企业在裁员的政策、规则、标准、程序以及操作上不能公平公正地对待员工，不能维护被裁员工的合法权利，则不仅会造成被裁人员的争辩、反对和联手抵抗；而且最坏的情况是，留任员工自危、焦虑、意志消沉、对企业不信任而士气低迷。有研究资料显示，如果裁员使部门规模缩减一半或三分之二，或使留任员工的工作负荷增加到以前的两至三倍时，员工就会表现出保守、恐惧、畏缩或麻木等消极反应。

再次，是要素资源匹配度低，投入与产出不统一风险。

企业绩效的提升乃是投入与产出的统一，裁员只有在企业经营绩效的稳定或增长时才有意义。在减少人力资源投入的前提下，改进或提高企业绩效的根本路径，是依靠提高人、财、物、技术、信息等要素资源的集合优度，依靠从资源投入到成果产出的转化效率的提高。实践中，有不少管理者容易把注意力放在节省人力成本或人力资源使用上，不去花气力相应提高要素资源的匹配优度和资源到成果的转化效率，结果往往陷入裁员先行（或单行），投入与产出不统一，减员难以增效的系统风险之中。

最后，企业"软"实力受损风险。

许多企业的裁员行为着眼于企业财务资产、资源、技术效率、利润率等硬实力的提升，到头来却往往由于损伤其形象、口碑、品牌、影响力、文化、传统、行为规范、心理契约等"软"实力而无助其核心竞争力的增强。企业裁员时，应认真把握企业自身一贯奉行的价值观念、管理方式、行事风格、企业文化等软实力。企业降低软实力的损失并不亚于硬实力降低的损失，而且是长时间难以弥补的。

裁员举措在一定环境、条件和时间下，确实能给企业有针对性地摆脱困境带来积极效用，但同时也给企业留下一些隐患。随着时间的推移，当企业的经营环境和业务情况发生变化，当运营状况超越裁员的原有前提和边界时，它对企业的积极作用就开始降低、扭曲，甚至走向反面。因此，裁员策略往往潜藏着短期脱困与长期发展相冲突的风险。这就告诫我们，裁员无论何种原因都应当始终基于企业的竞争环境、发展战略、产品和服务市场的发展变化需要。

第七章
行动务实：上前线，听炮火

冰冻三尺非一日之寒，就像华为不是一天建成的一般。

世界级的领先源自点滴般的追求

　　华为公司追求什么？现在社会上最流行的一句话是追求企业的最大利润率，而华为公司的追求是相反的，华为公司不需要利润最大化，只将利润保持在一个较合理的尺度。那么我们追求什么呢？我们依靠点点滴滴、锲而不舍的艰苦追求，成为世界级领先企业，来为我们的顾客提供服务。也许大家觉得可笑，小小的华为公司竟提出这样狂的口号，特别在前几年。但正因为这种目标导向，才使我们从昨天走到了今天。

　　我们若不树立一个企业发展的目标和导向，就建立不起客户对我们的信赖，也建立不起员工的远大奋斗目标和脚踏实地的精神。因为电子网络产品大家担心的是将来能否升级、将来有无新技术的发展、本次投资会不会在技术进步中被淘汰。华为公司若不想消亡，就一定要有世界领先的概念。华为的追求是在电子信息领域实现顾客的梦想，并依靠点点滴滴、锲而不舍的艰苦追求，使我们成为世界级领先企业。

　　　　　　　　　　　　——摘自《华为的红旗到底能打多久》

延伸阅读

　　传统的经济学理论把人类行为抽象为经济人的行为，并将之作为经济分析的前提。经济人追求的是"利益最大化"的目标，企业主关心的是从企业中尽可能多地拿走他"应得的份额"，企业员工追求的是通过出卖劳力获取最多的工资或薪金。在这种假设前提下，无论是企业主还是企业员工关心的都是自身的直接物质利益，而这只有通过企业利润目标的实现才能得到满足，因此，追求最大利润即成了企业第一目标。但随着经济学理论的发展，企业经营目标开始由追求最大利润向获取适度利润转变。但是，迄今为止，相当一部分企业还是以传统经济学理论为指导，追求利润最大化。尤其是在当代中国，大多数企业还在为生存而奋斗，利润是企业存在的基础，是企业家不得不面对的现实，追求利润最大化是一种对现实的妥协。

　　但是，任正非不这样认为，他明确提出华为公司不需要利润最大化，只要将利润保持在一个较合理的尺度上即可。华为追求的是依靠点点滴滴、锲而不舍的艰苦努力，成为世界级领先企业。如果说，追求利润最大化的企业过于看重眼前利益，那么，追求成为世界级领先企业，看重的则是长远发展。所谓"企业的社会责任"，是指在市场经济体制下，企业除了为股东追求利润外，也应该考虑相关利益人，即影响和受影响于企业行为的各方利益。在20世纪20年代，随着资本的不断扩张，出现了一系列社会矛盾，诸如贫富分化、社会穷困，特别是劳工待遇和劳资冲突等问题日益被重视，于是"企业的社会责任"被提出。

能量辐射

追求利润是每个企业都不能忽视的目标，但企业不能一味强调利润，领导者管理企业必然要平衡各种需要和目标，利润只是其中一个比较重要的目标，企业为了战略需要、长远发展，都不会把利润作为唯一目标。过度强调利润，就会使管理者重视短期利益，为了今天的利润，不惜牺牲明天的生存。一个不择手段的企业很难建立信誉、一个只重视眼前利益的管理者也很难取得大的成就。所以管理学家德鲁克把一味强调盈利看成是管理中最愚蠢、最糟糕的办法。

当一般的生意人被问及什么是企业时，他们的答案通常是企业是盈利的组织，一般的经济学家也会这样回答。然而，这个答案是非常片面的。利润和获利率并不是不重要，实际上获利率不是企业及商业活动的全部意义，只能算是一个重要的因素。利润也不是所有企业从事活动与决策时的唯一动机，而是检验企业效能的指标。

不以利润为唯一目标，就避免了企业为了追求利润而失去绝佳的商业机会。阿里巴巴的创始人马云觉得一个伟大的公司当然也需要赚钱，但是光会赚钱的公司不是伟大的企业。阿里巴巴最重要的原则之一，就是永远不把赚钱作为唯一目标。他觉得伟大的公司首先能为社会创造真正的财富和价值，可以持续不断地改变这个社会。

很多企业家在刚开始创业的时候，就把为众人服务作为企业的目标。譬如比尔·盖茨，他在创业之初就已经把"让千万人都用得上电脑软件"作为目标；譬如山姆·沃尔顿，他发誓要建立一种既便利又廉价的商业形态，沃尔玛帮他实现了这一理想；再如马云，他刚开始创业的使命就是"让天下没有难做的生意"。当然，光有使命是不行的，必须产生财富，这样，自身创造的价值才可以得到人们的认可。

做企业，既不能指望偶然的机遇，也不能完全靠利润来支撑，新企业只有多考虑未来的长远发展，才能逐渐做大做强。

治大国若烹小鲜，成大局要做小事

公司实行小改进大奖励，大建议只鼓励的制度。追求管理不断的优化与改良，构筑与推动全面最佳化的有引导的自发的群众运动。

能提大建议的人已不是一般的员工了，也不用奖励，一般员工提大建议，我们不提倡，因为每个员工要做好本职工作。大的经营决策要有阶段的稳定性，不能每个阶段大家都不停地提意见。我们鼓励员工做小改进将每个缺憾都弥补起来，公司也就有了进步。所以我们提出小改进、大奖励的制度，就是提倡大家做实。不断做实会不会使公司产生沉淀呢？我们有务虚和务实两套领导班子，只有少数高层才是务虚的班子，基层都是务实的，不能务虚。务虚的人干四件事：一是目标，二是措施，三是评议和挑选干部，四是监督控制。务实的人首先要贯彻执行目标，调动利用资源，考核评定干部，将人力资源变成物质财富。务虚是开放的务虚，大家都可畅所欲言，然后进行归纳，所以务虚贯彻的是委员会民主决策制度，务实是贯彻部门首长办公会议的权威管理制度。我们应在小改进的基础上，不断归纳，综合分析。研究其与公司总体目标流程的符合，与周边流程的和谐，要简化、优化、再固化。这个流程是否先进，要以贡献率的提高来评价。我年轻时就知道华罗庚的一句话："神奇化易是坦途，易化神奇不足提。"我们有些员工，交给他一件事，他能干出十件事来，这种创新就不需要，是无能的表现，这是制造垃圾，这类员工要降低使用。所以今年有很多变革项目，但每个变革项目都要以贡献率来考核。既要实现高速增长，又要同时展开各项管理变革，错综复杂，步履艰难，任重而道远。各级干部要有崇高的使命感和责任意识，要热烈而镇定，紧张而有秩序。"治大国如烹小鲜"，我们做任何小事情都要小心谨慎，不要随意把流程破坏了，发生连锁错误。大家在处理相互之间的人际关系上也要保持冷静，稍不冷静就惹麻烦。千万不要有浮躁的情绪，戒骄戒躁，收敛自我，少一些冲动，多一些理智。我们要坚决反对形而上学、幼稚浮躁、机械教条和唯心主义。在管理进步中一定要实事求是，特别要反对形左实右。表面上看做得很正确，其实效率是很低的。

——摘自《华为的红旗到底能打多久》

延伸阅读

任正非坚持创新，认为没有创新才可能是最危险的。在技术上的创新、在管理思维上的创新，在管理手段的创新，在营销策略上的创新始终是华为人孜孜以求的工作目标。

在技术创新方面，华为创业伊始，就以国际先进水平为目标，力求领先于世界。他们立足于当代计算机与集成电路的高新技术，大胆创新，取得一系列突破。每年投入销售额 10% 的资金用于科研开发，装备大量精良的开发设备和测试仪器，并与国内外一些著名大学、研究开发机构和重点实验室建立了长期广泛合作与交流，与国际上知名公司和供应商建立了良好稳定的伙伴关系。科技领先，使华为跻身于世界少数几家能够提供 CAC08-STP 数字程控交换机设备的巨头行列；在移动智能网、STP、移动关口局、GPRS 等核心网络方面形成领先的优势。实际上，如果没有任正非在企业草创阶段以破釜沉舟的勇气借高利贷进行研发，恐怕华为难以有今天的成就。

正如任正非所说，"创新是华为发展的不竭动力"。而执着进行研发投入的结果就是，2009 年 1 月 27 日，世界知识产权组织（WIPO）在其网站上公布 2008 年全球专利申请情况时表示："第一次，一家中国公司在 2008 年名列 PCT（全球《专利合作条约》）申请量榜首。"

能量辐射

新思想大多来自顾客，许多革新性的公司都是从顾客那里得到关于产品的最好主意的。向顾客开放，倾听顾客的意见，企业可以采取以下几种方法：

1. 调查客户满意度指数

调查客户的满意度水平，分析调查结果，能够帮助管理人员了解客户的满意或不满意程度有多高。因为指数是定量的，可以把它当作一种有用的工具，把不同时期、不同地点和不同业务单位的结果进行比较。

2. 反馈

为了能够更早地发现错误和更快地解决它们，企业必须建立有效的渠道接受客户的评论、抱怨和提问。当客户感到意见被重视，自然会产生参与经营的感觉，无形中提高了忠诚度。

3. 市场调查

了解客户为什么离去，是一件至关重要的事情。向离开的客户展开调查，可以实现两个重要目的：一是切实发现企业在产品或服务中的哪些问题导致了客户的背离；二是最后尝试挽留客户。一家公司发现，仅仅是与离开的客户联系，仔细地倾听他们的意见，就足以让他们中三分之一的人回心转意。

4. 一线员工培训

企业必须对那些直接接触客户的员工进行培训，告诉他们怎样更好地倾听，并学会在客户感受糟糕的体验时迅速采取补救措施。企业还必须建立专门流程，让员工得以记录必要的资讯，然后传播给企业内的其他人员。

5. 战略活动

有些公司走得更远，致力于将客户带进企业经营的每个层面。例如，美国西南航空公司邀请飞行常客帮助自己进行空姐的初选。

企业生产的最终目的是要满足消费者的需求，继而获取利益，更多地倾听顾客的声音，从顾客那里寻找灵感，可以有效地帮助企业进行创新，占领市场。

让听得见炮声的人来决策

　　北非地区部努力做好客户界面，以客户经理、解决方案专家、交付专家组成的工作小组，形成面向客户的"铁三角"作战单元，有效地提升了客户的信任，较深地理解了客户需求，完成了良好有效的交付和及时的回款。

　　铁三角的精髓是为了目标，而打破功能壁垒，形成以项目为中心的团队运作模式。公司业务开展的各领域、各环节，都会存在铁三角。三角只是形象说法，不是简单理解为三角，四角、五角甚至更多也是可能的，这给下一阶段组织整改提供了很好的思路和借鉴。公司主要的资源要用在找目标、找机会，并将机会转化成结果上，我们后方配备的先进设备、优质资源，应该在前线一发现目标和机会时就能及时发挥作用，提供有效的支持，而不是让拥有资源的人来指挥战争、拥兵自重。

　　谁来呼唤炮火，应该让听得见炮声的人来决策。而现在我们恰好相反。机关不了解前线，但拥有太多的权力与资源，为了控制运营的风险，而设置了许多流程控制点，而且不愿意授权。过多的流程控制点，会降低运行效率，增加运作成本，滋生了官僚主义及教条主义。

当然，因内控需要而设置合理的流程控制点是必需的。去年公司提出将指挥所（执行及部分决策）放到听得到炮响的地方去，已经有了变化，计划预算开始以地区部、产品线为基础，已经迈出可喜的一步，但还不够。北非地区部给我们提供了一条思路，就是把决策权根据授权规则授给一线团队，后方起保障作用。这样我们的流程优化的方法就和过去不同了，流程梳理和优化要倒过来做，就是以需求确定目的，以目的驱使保证，一切为前线着想，就会共同努力地控制有效流程点的设置。从而精简不必要的流程，精简不必要的人员，提高运行效率，为生存下去打好基础。

我们过去的组织和运作机制是"推"的机制，现在我们要将其逐步转换到"拉"的机制上去，或者说，是"推""拉"结合、以"拉"为主的机制。推的时候，是中央权威的强大发动机在推，一些无用的流程，不出功的岗位，是看不清的；拉的时候，看到哪一根绳子不受力，就将它剪去，连在这根绳子上的部门及人员，一并减去，组织效率就会有较大的提高。我们进一步的改革，就是前端组织的技能要变成全能的，但并非意味着组织要去设各种功能的部门。基层作战单元在授权范围内，有权力直接呼唤炮火（指在项目管理上，依据IBM的顾问提供的条款、签约、价格三个授权文件，以毛利及现金流进行授权，在授权范围内直接指挥炮火，超越授权要按程序审批），当然炮火也是有成本的，谁呼唤了炮火，谁就要承担呼唤的责任和炮火的成本。后方变成系统支持力量，必须及时、有效地提供支持与服务，以及分析监控。公司机关不要轻言总部，机关不代表总部，更不代表公司，机关是后方，必须对前方支持与服务，不能颐指气使。

——摘自《让听得见炮火的人来决策》

延伸阅读

真正让听得见炮火的人（指一线营销人员）去做决策，是任正非这篇文章的核心。在这次讲话中，任正非用惯用的军事化语言对华为正在进行的组织结构调整的原因进行了明确的表述："我们现在的情况是，前方的作战部队，只有不到 1/3 的时间是用在找目标、找机会以及将机会转化为结果上，而大量的时间是用在频繁地与后方平台往返沟通协调上。而且后方应解决的问题让前方来协调，拖了作战部队的后腿……"

任正非乐意重用刚出校门的学生，因为他们单纯执着、充满激情、不怕吃苦、最肯牺牲，并真诚地相信华为的产品是最好的。在华为的销售人员当中，刚出校门的学生往往比有销售经验和丰富人生经历的人做得更成功。"我要保证一线的人永远充满激情和活力！"任正非说。对一线人员期望如此之高，源于华为奉客户关系为至上。在非市场化环境中杀出来的华为，这是适者生存的秘籍，并被华为发扬到极致。如今华为与各地用户从高层到执行层密不可分的关系网络，就是这样一步步罗织起来的。

能量辐射

一架飞机正由纽约飞往洛杉矶，客舱里的一块镶板松动了。镶板尖锐的突起划破了一位乘客的袜子，他把这件事情告诉空中小姐。空中小姐手边没有工具，无法马上修理，于是她把这件事情记录下来，等到达目的地时再向联络办公室的人报告。可是联络办公室里除了一部电话和一套对讲系统以外，也没有工具。这时，空中小姐已经把问题反映上去了，在她看来，自己的工作已经算是完成了。当天下午，报告被送至"相关"部门。半小时之后，该部门又将报告放在技术部一名办事员的桌上。这名技术员不确定自己能否修复，但他并不担心，因为飞机此刻正翱翔在杜百克市（艾奥瓦州东部的一个城市，位于洛杉矶至纽约的航线中途）上方约 1 万米的高空中。于是，他在一本皱巴巴的记录单上潦草地记上一笔：在可能的情况下进行修复。可以肯定的是，他一定会修好那个突起，不过是在刮破另外 10 名乘客的袜子之后。

企业越大，组织机构就越复杂，问题向上反映需要经过层层系统，当领导者做出决策后，往往已经耽误了解决问题的最佳时间。一线的员工往往更加了解问题所在，因为他们是真正在执行的人。企业想要确保执行效率，想要第一时间解决问题，不妨多给予一线的人员做决策的权力，让真正接触炮火的人来解决问题。

战略务实："本地化"才能带来商机

在海外拓展过程中，华为要实施本地化战略，始终把企业的社会责任放在重要位置，以期通过华为的努力推动当地发展，最终实现双赢。

在与华为的合作当中，非洲政府意识到通信行业会成为经济发展的助推器。越来越多的非洲国家开始建设电子政务，提高了政府运作效率；有不少非洲国家采用CDMA技术来实施普遍服务，加强农村和外界间的信息沟通，提高生活水平。华为获得了认可。华为在非洲收获了从幼稚走向成熟的经验，和非洲市场共同成长，目前已经成为非洲电信领域的领头羊之一。

对非洲的通信市场，华为一直抱着这样的愿景和理念：作为非洲通信市场可靠的合作伙伴，为非洲提供最先进的通信技术，培养当地的通信人才，通过通信丰富人们的生活。

目前，我们在非洲的员工超过2500名，其中本地员工占60％，为当地优秀人才提供了就业机会，华为在海外的本地员工比例还有望继续扩大。与此同时，我们还在非洲投资建立了 4 个培训中心，包括尼日利亚、突尼斯、埃及和肯尼亚，培训当地电信专家。第五个培训中心设在安哥拉，正在建设当中。

这些成果还不足以让我们满意，日本的企业相比亚洲其他国家就已经比较国际化，但他们总结他们的失败之因时，还是说他们不国际化。想想华为比松下、NEC 的国际化还差多少，有什么可值得盲目自豪的？亚洲企业的国际化本来就难，我国在封闭几十年后，短短的二十年的发展，还不足以支撑国际化。华为的国际化步伐更难，仅仅因为大量的外籍员工，读不懂中文的文档，大量的国内员工英文也没过关，就足以看到华为的国际化是多么的困难。如果不克服这些困难，华为也可能是昙花一现。

——摘自《北国之春》

延伸阅读

2007 年华为共收入 125.6 亿美元，位列全球第五大电信设备经销商。早在 1994 年，当华为自主开发的数字程控交换机刚刚取得一定的市场地位时，任正非就预感到未来中国内地市场竞争的惨烈。

华为首先将目光瞄准香港。1996 年，华为与长江实业旗下的和记电信合作，提供以窄带交换机为核心产品的"商业网"产品，与国际同类产品相比，除价格优势外，它可以比较灵活地提供新的电信业务生成环境，从而帮助和记电信在与香港电信的竞争中取得差异化优势。在这次合作中华为获得不少经验，和记电信在产品质量、服务等方面近乎苛刻的要求，也促使华为的产品和服务更加接近国际标准。

随后，华为开始考虑发展中国家的市场开拓，重点是市场规模相对较大的俄罗斯和南美地区。以俄罗斯为例，1997 年 4 月华为在当地建立了合资公司（贝托 – 华为，由俄罗斯贝托康采恩、俄罗斯电信公司和华为三家合资成立），以本地化模式开拓市场。2001 年，在俄罗斯市场销售额超过 1 亿美元，2003 年在独联体国家的销售额超过 3 亿美元，位居独联体市场国际大型设备供应商的前列。

2000 年之后，华为开始在其他地区全面拓展，包括泰国、新加坡、马来西亚等东南亚市场以及中东、非洲等区域市场。特别是在华人比较集中的泰国市场，华为连续获得较大的移动智能网订单。此外，在相对比较发达的地区，如沙特、南非等市场也取得了良好的销售业绩。此后，华为开始在觊觎已久的发达国家市场上有所动作。在西欧市场，从 2001 年开始，以 10G SDH 光网络产品进入德国为起点，通过与当地著名代理商合作，华为产品成功地进入德国、法国、西班牙、英国等发达地区和国家。2004 年与西门子成立合资企业，又成功打入荷兰、泰国、澳大利亚等国家的市场。

能量辐射

"走出去"远远不能涵盖中国企业国际化的全部内容，这就好比"出门"与"做客"，情况是不同的。"走出去"只是第一步，真正"走进"别人家成为主人接受的"客人"，甚至成为别人家的"主人"，则又是一个更大的考验。

2011年中国企业国际化的榜单中，联想集团以81.04分，仅输华为1.72分的差距排名第二位。用柳传志的话说，对IBM PC的并购整合历经波折，到今天终于可以用成功来定义。

在2011年9月举行的联想国际化经验交流会上，柳传志语气坚定地说："很慎重地、认真地说，联想并购IBM PC项目是成功的。成功的主要标志，根据我们原来预定的目标，一是要做到业绩的持续发展，另外当时实际上还有一个内在的目标，就是希望由中国人来领导一个真正国际化的企业。这个也实现了。"

联想对IBM PC的收购可谓历经险阻，闯过了重重险滩。交易完成后，各种预料中以及预料之外的困难接踵而至。现任联想集团高级副总裁、新兴市场总裁的陈绍鹏回忆并购之初，大家没有想到遇到的第一个难题是"部分并购"的困难。"如果复盘，我觉得部分并购的难度甚至可能大于整体并购。"部分并购之后，各个环节还与原来的IBM架构体系相连，又要与新的架构组织整合，而两个架构体系的行为方式完全不同，随时都在出现"排异反应"。合并之后很长一段时间，供货慢成了客户抱怨的重点。"很长时间内很多工作人员必须在两套系统内同时工作，这种工作方式让大家精疲力竭。"陈绍鹏说。如是再三，联想最终在

2008 到 2009 财年，以 2.67 亿美元巨亏迎来合并之后的最大挫折。

但经过联想集团内部对这些问题的不断调整，将全球市场分为"成熟市场"和"新兴市场"两种战略的出台，联想终究战胜了这些困难，实现了"由中国人来领导一个真正国际化的企业"。

真正成熟、务实的国际化，应该是在"知己"的同时，也学会"知彼"。只有看到了自己的优势对于国外市场的挑战，我们才知道该如何在尊重、适应当地人的思维与价值观的前提下，冲破重重阻碍，从而真正占领广阔的海外市场。

在高群耀带领下的欧特克（中国）与叶莺带领下的柯达（中国），为我们做了很好的示范。他们行业不同，困难不同，但都力图给予东道国足够的尊重和他们自身良好的适应，进而为自己的跨国扩张争取更大的竞争力和更大的利益。

中国企业"走出去"固然重要，但要真正实现"走进去"，还需要更多推己及人的胸怀与智慧。

"和风细雨"般的改革才有成效

自我批判不是为批判而批判，也不是为全面否定而批判，而是为优化和建设而批判，总的目标是要提升公司整体核心竞争力。为什么要强调自我批判？我们倡导自我批判，但不提倡相互批评，因为相互批评不好把握度，如果批判火药味很浓，就容易造成队伍之间的矛盾。只有认真地自我批判，才能在实践中不断吸收先进，优化自己。在职在位的干部要奋斗不息、进取不止。干部要有敬业精神、献身精神、责任心、使命感，这些都要求干部要坚持进行自我批判。高级干部每年都有民主生活会，民主生活会上提的问题是非常尖锐的。有人听了以后认为公司内部斗争真激烈，他们说起问题来很尖锐，但是说完他们握着手打仗去了。我希望这种精神一直能延续下去，下面也要有民主生活会，一定要相互提意见，相互提意见时一定要和风细雨。

一定不要把内部的民主生活会变成了有火药味的会议，我希望各级干部在组织自我批判的民主生活会议上，千万要把握尺度。要细细致致地帮人家分析他的缺点，提出改进措施来，和风细雨式最好。我相信只要我们持续下去，就会比那种暴风急雨式的革命更有效果。

——摘自《华为的红旗能打多久》

延伸阅读

任正非要求每个干部要多做自我批判，不断找自身问题和部门差距，不断总结和改进工作，为公司多做贡献，并按照公司干部选拔原则来培养选拔后备干部。

为什么任正非这样强调干部的自我批判能力？

这是因为一个优秀的管理者其真正的优秀能力是接受新事物、新观念，去除旧观念、旧的思维模式和过时的心智模式的能力。这种能力实质上就是自我批判的能力，有了这种能力才能去除自身不符合公司价值导向的价值观，真诚地接受公司核心价值观的约束，并按公司的价值导向重塑自我。

自我批判的能力，实质上也是一个人自我领导、自我管理的自制力和内在控制力。通过理智地进行自我剖析，重新审视自己的价值观和心智模式。自我批判的过程就是一个思想上、观念上去糟粕，纳精华，进而不断升华和成长的过程。

领导干部的思维能力、决策能力等在很大程度上影响着一个企业的发展走向，甚至关乎企业的生死存亡，因此华为的领导干部能否及时对自己的工作进行总结、改善，对于华为来说至关重要。华为日益发展壮大，要处理的问题比之从前要复杂了许多，在这样的环境下，任正非提出了领导干部尤其要坚持自我批判的号召，以期为华为今后的发展摆正方向。

能量辐射

华为作为一家国内一流的企业，非常主张自我批判的精神，这也体现了华为与其他企业的不同。在华为，思想品德、自我批判能力、领导能力是一个华为优秀员工的三要素。所谓思想品德是指一个员工最基本的素养，体现在对于企业的忠诚度和是否符合一定的道德规范等；领导能力是一个人带领和协调下属员工工作的能力。以上两种能力的不断完善是通过自我批判的能力得以实现的，因此自我批判能力是构成一个优秀员工的素质的核心。

自我批判精神作为一个企业走向卓越的重要条件，又会对企业的管理和发展产生怎样积极的作用，有着怎样的意义呢？

首先，有利于完善考核制度。自我批判的精神对完善考核机制是非常有帮助的，因为当考核结果出来的时候，需要的不是评价，而是反思，而能够做到不断完善的动力就是一种自我批判的精神。如果一个员工学会找出考核中存在的不足，也就有了前进的动力，这样考核的目的就达到了，考核制度的价值也就实现了。考核制度能够帮助员工找出自身的不足之处，而员工的自我批判和反思能够检验考核体系是否完善，两者相辅相成，相互促进。

其次，自我批判精神有利于增强企业的生命力。华为有这样的一句口号，那就是："根本目标就是活下去。"这句口号最深层次的含义就是让企业能够基业长青，这需要的不仅是坚持、是任性，更需要科学的管理和创新的意识，而这些目标的是实现就需要在长期的管理实践中寻找不足，不断总结经验，也就是要有自我批判的精神，因此自我批判对企业未来的发展和长治久安也起到了重要的作用。

自我批判的精神体现的是一个企业务实、向上和不断完善自我的精神，同样也有利于人力资源的开发和管理，是一个企业战胜困难和危机的有力武器。

雄关漫道真如铁，而今迈步从头越

士气在什么时候应该好？如果士气在市场大发展、红红火火的时候才好，艰难困苦时候就不好，那么谁来完成从艰难困苦到大发展的准备？我个人的看法是，越在最艰难、最困苦的时候，越能磨炼人的意志，越能检验人的道德与良知，越能锻炼人和提高人的技能，也越是我们的队伍建设最重要的时候。检验一个公司或部门是否具备良好的企业文化与组织氛围，不是在企业一帆风顺的时候，而是在遇到困难和挫折的时候，古人讲患难知人心，就是这个道理。

我们在市场上还存在非常多的困难，但可喜的是我们的研究队伍，一天一天成熟起来。世界许多著名公司看到他们这么年轻就已进入了当代信息科学的前沿，十年之后不好估量，谁能说一大批中国土博士不能成为世界英才？今年我们的研究、中试经费将达到4亿人民币，无论装备还是规模上都从土枪土炮时代开始上升。我们组建一年的中试系统已经开始走上正轨，一批"宽频带、高振幅"的工程专家正在成长，我们推出的新产品，已不像过去那样需要去救火，而且在工艺研究水平、容差设计水平方面，已开始接近国际水平。我们的生产系统正逐步实现全面质量管理，产品的可靠度已大大提高，有力地支援了前方，而且1997、1998年还超大规模地投资生产设备的改造。小米加步枪时代培养出来的一大批干部已走上了现代管理岗位。我们的管理系统尽管还很薄弱，但采购系统、财务系统、计划审计、行政、服务系统都有较大幅度的进步，管理工程正在推进管理与国际接轨。公司一片新气象，支撑系统基础工作的不断做实，将会给前方有力的支持。我们正在贯彻公司的《基本法》，它将牵引我们从企业家管理走向职业阶层管理。一系列的子《基本法》将会在明后年产生，具体地指导我们的工作。相信我们一定会顺利度过转型的三年，建成一个内耗小，又充满活力的公司。在21世纪初，我们公司将有2万多员工，如果实现内耗小，活力大，那么我们就有非常强大的竞争实力。如果我们的管理改革，真能在10年内全面与国际接轨，这种潜力的巨大是令人鼓舞的。碳元素平行排列，可以构成石墨，非常松软；而若三角形排列，则可以构成金刚石，异常坚硬。为了建成这样一种人才和资源的配置结构，我们需要更多的富于自我牺牲精神的干部，他们的实践是我们的榜样，他们言行所产生的榜样力量是无穷的。他们的精神像火凤凰一样永放光芒。

——摘自《任正非：在来自市场前线汇报会上的讲话》

延伸阅读

在自家的地盘上，华为要做的是画地为牢，以守为攻，把已有的收益市场封闭起来，让敌人针插不进，水泼不进。守的策略主要是：主动发现并弥补市场缝隙；主动否定自己以提高用户满意度，阻止新竞争者进入；利用产品组合优势封杀对手的进攻机会；主动让利降价，不在价格上给对手以可乘之机；同时在客户关系和服务上主动防守。目的只有一个：不断将收益市场中的地位转化为销售额，同时将收益市场的势能辐射到全国。

在对手的地盘，华为摇身一变为猛烈进攻型，千方百计发动价格战，用一切手段打击对手的利润和销售目标，阻挠其市场进展，逐步挤占空间，最后取而代之。1999 年华为进入四川时，上海贝尔在四川的市场份额是 90%。刚开始，华为绝口不提销售，主动将自己的接入网免费给客户使用，借此在四川各当地网都布上了点，而当时对手忽略了华为的这个小动作。随后，华为又将接入网的新增点抢了过来，逐渐把点连成了面。网上运行的华为设备数量有了突破性进展后，华为又伺机将接入网的优势顺理成章地延伸到了交换机，最后将华为的交换机变成和上海贝尔交换机并存的第二种制式，跻身主流机型。

能量辐射

日本是一个经济强国，但日本经济发展有一个致命的软肋：能源。日本的能源完全依赖进口，在 20 世纪 70 年代，中东石油输出国实行石油禁运，日本遭受重大损失。1973 年至 1974 年间，日本通货膨胀率竟然高达 25%，经济出现大幅度下滑。

在这场灾难中，日本很多企业停产或破产，企业员工无所事事，很多人不得不暂时回家。那时，日本基本上全部实行的是终身雇佣制，回家等于休假或待岗。

但是，回到家的员工根本没有心思待在家里，他们又陆续回到企业，清理车间，剪除杂草，或者干点别的事情，不管干什么，都比在家里闲着踏实。而且，他们并不是受他人指派才这么干的，而是自发的，不是为了赚钱，纯粹是出于对企业的忠诚和热爱，他们认为企业出现困难，自己有义务尽力帮助企业。有一位工人在接受记者采访时说，他回到家时，妻子训了他一顿："公司遇到如此大的困难，你怎能安心待在家里呢？"

在受到经济危机后，这些曾与企业共患难的员工大部分都成了企业日后发展的主力军，得到了充分的信赖。日本之所以能够成为一个经济强国，之所以能够拥有索尼、松下、本田这些国际知名的大企业，和他们这种与公司共命运的主人翁精神是分不开的。对于每一名员工来说，他和企业都是水手与船的关系。在公司这条船上，每个人都肩负着排除任何潜在危险的责任。原因显而易见，行驶在惊涛骇浪中的船是那么的渺小，小事故都可能酿成灾难。一旦我们赖以生存的船只发生危险，那么船上的每个人都难逃灭顶之灾。同样，在公司中，每个人的岗位都是至关重要的，任何一个地方出了疏漏，都可能导致整个企业的"沉船"。作为公司船上的一员，每一名员工都应该努力对自己的工作认真地负起责任，不疏忽每一个可能在工作中出现的错误。

公司的发展要跟得上时代的要求，不然就会被市场大潮所吞没。同样，个人的进步也要跟得上公司发展的步伐；否则，就会跟不上公司前进的节奏，这样，就面临着离开公司之船的命运。因此，在公司这艘船上，员工应当抱着为自己的未来而工作的态度，将工作看成自己事业的一个契机，和公司一起成长，共生共赢，这样才能和公司一起驶向成功的彼岸。